Hessische Landeszentrale für politische Bildung (HLZ)

Freiheit, die wir meinen ...
Was Demokratien und Diktaturen unterscheidet
Eine Handreichung für die politische Bildungsarbeit

Florian Hartleb, Carmen Everts

Impressum:

Hessische Landeszentrale für politische Bildung
Referat VII: Diktaturforschung und Bildungsarbeit Demografischer Wandel
Redaktion: Dr. Carmen Everts | Referatsleiterin
Gestaltung: Dr. Gottfried Schmidt | Grafik & Satz | Wiesbaden
Druck: Bing & Schwarz | Druck und Medien | Korbach

Der Beitrag stellt keine Meinungsäußerung der HLZ dar.
Für den Inhalt tragen die Autoren selbst Verantwortung.

Bildnachweis:
S. 10: Picture Alliance/United Archives/TopFoto, Bildnr. 10035487 - S. 11: Bundesarchiv, Bild 102-04052, Foto: Georg Pahl - S. 12: Picture Alliance/dpa, Bildnr. 28704156, Foto: Miguel Toran - S. 14: Bundesarchiv, Bild 183-J0501-1004-004, Foto: Horst Sturm - S. 19: Bundesarchiv, Bild 183-N0827-318, Foto: o. Ang. - S. 21: Bundesregierung/BPA, B145 Bild 00046606, Foto: Lothar Schaack - S. 23: Bundesregierung/BPA, B145 Bild 00003949, Foto: Ludwig Wegmann - S. 24: Bundesregierung/BPA, B145 Bild-P022061 - S. 25: Bundesarchiv, Bild 183-1987-1218-022, Foto: Bernd Settnik - S. 29: Bundesregierung/BPA, B145 Bild-00017830, Foto: Christian Stutterheim - S. 31: Bundesarchiv, Bild 146-1982-095-09, Foto: Carl Weinrother - S. 32: Bundesarchiv, Bild 183-J0322-1001-001, Foto: Heinz Junge - S. 34: Bundesarchiv, Bild 102-14597, Foto: Georg Pahl - S. 35: Bundesarchiv, Bild 183-D0731-0015-001, Foto: Ulrich Kohls - S. 37: Bundesregierung/BPA, B145 Bild-00049811, Foto: Bernd Kühler - S. 39: Bundesarchiv, Bild 226-002, Foto Hans Martin Sewcz - S. 53: Bundesarchiv, Bild 102-14439, Foto: Georg Pahl - S. 60: Bundesarchiv, Bild 183-J0501-1004-001, Foto: Heinz Junge - S. 64: Bundesregierung/BPA, B145 Bild-00260531, Foto: Sandra Steins

© 06/2013   HLZ, Wiesbaden
             ISBN 978-3-943192-14-8

FSC
www.fsc.org

MIX
Papier aus verantwor-
tungsvollen Quellen
FSC® C105478

Inhalt

Einleitung

Junge Menschen in Deutschland können sich heute kaum mehr vorstellen, wie es ist, in einer Diktatur zu leben. Sie haben weder den Nationalsozialismus noch die ehemalige DDR persönlich erlebt. Ein Blick in die Geschichte und Gegenwart zeigt, dass es in einigen politischen Systemen immer wieder zu gravierenden, mitunter systematisch angeordneten Menschenrechtsverletzungen kommen kann. Persönliche und gesellschaftliche Freiräume werden dort zum Teil massiv eingeschränkt, die politische Teilhabe unterbunden oder zu reinen Zustimmungsakten gegenüber der Staatsführung missbraucht. Diese Entwicklung schreitet zum Teil schleichend voran, zum Teil aber auch mit erschreckender Brutalität gegen die eigene Bevölkerung. Vor diesem Hintergrund sollte jedem jungen Menschen der überzeitliche Wert der freiheitlich-demokratischen Grundordnung klar sein, auch und gerade für sein persönliches Leben. Ein waches, politisches Bewusstsein ist ein unverzichtbares Instrument zur Einordnung politischer Herrschaft, zur Prävention antidemokratischer Tendenzen und zur Stärkung von Zivilcourage und Engagement.

Grundlegend ist dabei die Unterscheidung von Demokratie und Diktatur, die auf gegensätzlichen Menschenbildern aufbauen und daraus ihre Herrschaftslegitimation ableiten. Die jüngste Studie von Prof. Klaus Schroeder und seinem Team des SED-Forschungsverbundes (Später Sieg der Diktaturen? Zeitgeschichtliche Kenntnisse und Urteile von Jugendlichen, Frankfurt am Main u.a. 2012) zeigt bei jungen Menschen erschreckende Defizite, aus dem Geschichtsunterricht die richtigen Schlussfolgerungen ziehen und zwischen Diktatur und Demokratie unterscheiden zu können. Neben der historischen Aufarbeitung derartiger Systeme bedarf es demzufolge einer noch intensiveren Herausstellung von Unterscheidungsmerkmalen zwischen diktatorischer Herrschaft einerseits und den fundamentalen Grundwerten und Ordnungsprinzipien einer freiheitlichen Demokratie andererseits.

Das Wissen um Errungenschaften wie Funktionsmechanismen der Demokratie ist die Grundlage dafür, dass gerade auch junge Menschen die Demokratie erhalten und aktiv mitgestalten können. Auch wenn für sie Freiheit und Demokratie zur Selbstverständlichkeit geworden sind, darf hieraus keine Passivität erwachsen. Dies gilt zumal die Demokratie selbst in einem ständigen Wandel begriffen ist, der gegenwärtig durch die Globalisierung und den Möglichkeiten wie Risiken moderner Technologien bestimmt wird. Wer diesen Entwicklungen unkritisch gegenüber steht und anderen die Entscheidungen überlässt, wer sich aus der Gestaltung von Staat und Gesellschaft komplett verabschiedet, kann ungewollt irgendwann in einer Diktatur aufwachen.

Um gerade jungen Menschen zu helfen, die wesentlichen Unterschiede zwischen Demokratie und Diktatur besser zu erkennen, wurden in dieser Broschüre die wesentlichen Unterscheidungsmerkmale zusammengefasst und anhand historischer Beispiele erläutert. Es kann dabei nur um die Nennung einiger wesentlicher Charakteristika gehen, die in anderen Lehrbüchern für den Politikunterricht vertieft werden können. Mit dieser Zusammenfassung und den Materialien der Arbeitsblätter soll vielmehr ein Überblick über diese wesentliche politische Wegscheide zwischen Demokratie und Diktatur gegeben werden. Wenn dies hilft, die eigene Urteilskraft der jungen Menschen und ihr Bewusstsein für den Wert einer freiheitlich-demokratischen Grundordnung zu stärken, wäre schon viel gewonnen. Unsere Demokratie hat nur dann eine Zukunft, wenn auch die folgenden Generationen um unsere doppelte Diktaturerfahrung in Deutschland wissen und die richtigen Schlüsse aus der Beschäftigung mit unserer Geschichte ziehen können.

Dr. Florian Hartleb, Dr. Carmen Everts
Wiesbaden im Juni 2013

I. Strukturprinzipien von Demokratie und Diktatur

1. Der demokratische Verfassungsstaat und seine Grundprinzipien

Das politische System der Bundesrepublik Deutschland bildet das Gegenstück zu einer Diktatur und wurde in Abkehr vom Unrechtsregime der Nationalsozialisten geschaffen. Dabei wurden wesentliche Mängel der Weimarer Republik beseitigt, die zum Scheitern der ersten deutschen Demokratie beigetragen haben. Die Erfahrungen mit der Weimarer Republik und dem Nationalsozialismus haben das Grundgesetz somit maßgeblich beeinflusst.

Als zentrale Leitnorm und Wertmaßstab für alle staatliche Handlungen – sei es durch das Parlament, die Regierung oder die Rechtsprechung – wurde das Bekenntnis zur Menschenwürde bewusst an den Anfang des Grundgesetzes gestellt. Dies zeigt nach den bitteren Erfahrungen der NS-Diktatur, dass nunmehr der Mensch und seine fundamentalen Rechte im Zentrum stehen und nie wieder für eine politische Idee geopfert werden dürfen.

Artikel 1 des Grundgesetzes

(1) Die Würde des Menschen ist unantastbar. Sie zu achten und zu schützen ist Verpflichtung aller staatlichen Gewalt.

(2) Das Deutsche Volk bekennt sich darum zu unverletzlichen und unveräußerlichen Menschenrechten als Grundlage jeder menschlichen Gemeinschaft, des Friedens und der Gerechtigkeit in der Welt.

(3) Die nachfolgenden Grundrechte binden Gesetzgebung, vollziehende Gewalt und Rechtsprechung als unmittelbar geltendes Recht.

Das politische System der Bundesrepublik Deutschland ist auf dieses Bekenntnis zur Menschenwürde, auf die daraus abgeleiteten Menschenrechte und vier Verfassungsprinzipien gestützt:

→ das Demokratieprinzip
→ das Rechtsstaatsprinzip
→ das Bundesstaatsprinzip
→ das Sozialstaatsprinzip

1.1. Die vier Verfassungsprinzipien

 Die vier genannten Verfassungsprinzipien sind explizit im Grundgesetz verankert. Besondere Bedeutung ist hierbei dem Artikel 20 GG beizumessen:

Artikel 20 des Grundgesetzes

(1) Die Bundesrepublik Deutschland ist ein demokratischer und sozialer Bundesstaat.

(2) Alle Staatsgewalt geht vom Volke aus. Sie wird vom Volke in Wahlen und Abstimmungen und durch besondere Organe der Gesetzgebung, der vollziehenden Gewalt und der Rechtsprechung ausgeübt.

(3) Die Gesetzgebung ist an die verfassungsmäßige Ordnung, die vollziehende Gewalt und die Rechtsprechung sind an Gesetz und Recht gebunden.

(4) Gegen jeden, der es unternimmt, diese Ordnung zu beseitigen, haben alle Deutschen das Recht zum Widerstand, wenn andere Abhilfe nicht möglich ist.

Demokratieprinzip

Durch das Demokratieprinzip ist die gesamte Staatsgewalt auf das Volk zurückzuführen. Das bedeutet, dass die Organe der Gesetzgebung (Legislative = Parlament), der vollziehenden Gewalt (Exekutive = Regierung/Verwaltung) und der Rechtsprechung (Judikative = Gerichtsbarkeit) durch das Volk legitimiert sein müssen. Allerdings ist nur der Bundestag direkt durch das Volk legitimiert, d.h. von uns allen gewählt. Alle anderen Verfassungsorgane sind indirekt durch das Volk legitimiert. So wählt das Volk den Bundestag und dieser den Bundeskanzler und (zusammen mit dem Bundesrat) die Richter am Bundesverfassungsgericht.

Rechtsstaatsprinzip

Durch das Rechtsstaatsprinzip ist die gesamte Staatsgewalt an das Recht gebunden bzw. diesem unterworfen. Das Rechtsstaatsprinzip beschreibt also die Beschränkung der Staatsgewalt durch das Recht. Dabei ist zwischen einfachem Recht (Gesetzen) und Verfassungsrecht (Grundgesetz) zu unterscheiden. Das einfache Recht ist an das Verfassungsrecht gebunden. Das bedeutet, dass es eine Rechtshierarchie gibt und der Gesetzgeber an die Verfassung gebunden ist: an die verfassungsrechtlichen Vorschriften und die inhaltlichen Bestimmungen (z.B. Grundrechte). Auch die vollziehende Gewalt, das heißt die Regierung und ihre nachgeordneten Stellen, und die Rechtsprechung sind an die Gesetze gebunden. So darf die vollziehende Gewalt nicht nach freiem Ermessen, sondern nur auf der Grundlage eines Gesetzes in die Freiheit des Einzelnen eingreifen. Man spricht in diesem Zusammenhang von der „Gesetzmäßigkeit der Verwaltung". Auch die Richter müssen sich bei ihrer Rechtsprechung an das geltende Recht (Grundgesetz, Gesetze) halten. Allerdings sind die Richter nur an das Recht und nicht an politische Weisungen gebunden.

Man spricht hier von der „Unabhängigkeit der Justiz".

Bundesstaatsprinzip

Durch das Bundesstaatsprinzip ist die Staatsgewalt auf verschiedenen Ebenen der Staatlichkeit aufgeteilt: auf die Ebene des Bundes (des Gesamtstaates) und die Ebene der Länder (Gliedstaaten). Die Länder bilden Einheiten mit eigener Hoheitsmacht. Diese Hoheitsmacht darf vom Bund nicht angetastet werden. Allerdings sind die Länder keine souveränen Staaten, da sie der Pflicht zur Bundestreue unterliegen und die Länderverfassungen im Einklang mit zentralen Bestimmungen des Grundgesetzes der Bundesrepublik Deutschland stehen müssen.

Sozialstaatsprinzip

Durch das Sozialstaatsprinzip ist der Staat zum Schutz und damit zur Unterstützung der sozial bzw. wirtschaftlich Schwachen verpflichtet. Das Sozialstaatsprinzip ist zwar relativ vage im Grundgesetz der Bundesrepublik Deutschland verankert, umfasst nach allgemeiner Auffassung jedoch zwei Staatsausgaben: die soziale Sicherheit (die Sicherung der Existenzgrundlagen der Bürgerinnen und Bürger) und den sozialen Ausgleich (zwischen sozial starken und sozial schwachen Bürgern). Damit folgt dem Bekenntnis zur Menschenwürde auch die Verpflichtung des Staates, eine menschenwürdige Existenz des Einzelnen sicherzustellen und den sozialen Frieden zu sichern.

 Zum demokratischen Verfassungsstaat siehe die Arbeitsblätter 1 und 2

1.2. Variationen des demokratischen Verfassungsstaates

Direkte versus repräsentative Demokratie

Eine andere Unterscheidungsweise bei den Strukturprinzipien freiheitlicher Demokratie gibt es zwischen direkter und repräsentativer Demokratie. In der repräsentativen Demokratie (auch indirekte Demokratie genannt) werden politische Sachentscheidungen im Gegensatz zur direkten Demokratie nicht unmittelbar durch das Volk selbst, sondern durch Volksvertreter getroffen. Die Volksvertreter werden gewählt und entscheiden eigenverantwortlich. Direkte Demokratie im klassischen Sinne bezeichnet eine gleichsam urdemokratische, da auf die griechische Antike zurückgehende Herrschaftsform, in der die Macht direkt vom Volk in Abstimmungen ausgeübt wird. In der Praxis besteht heute direkte Demokratie in reiner Form nirgends auf der Welt, mit Ausnahme von zwei Schweizer Kantonen (Appenzell Innerrhoden und Glarus). Ansonsten ist sie immer mit einer indirekten bzw. repräsentativen Demokratie verwoben. Als Sonderfall unter den westlichen Demokratien galt dann auch die Schweiz wegen ihrer direktdemokratischen Elemente auch auf Bundesebene. Immer wieder wird aber auch in Deutschland die Einführung direktdemokratischer Elemente auf Bundesebene diskutiert. In Deutschland gibt es diese Möglichkeiten in Kommunen und auf Landesebene mit Bürgerbegehren oder Volksentscheiden.

Präsidentielles versus parlamentarisches System

Innerhalb des demokratischen Verfassungsstaates gibt es die wichtige Unterscheidung zwischen präsidentiellen Systemen (wie etwa den USA) und parlamentarischen Systemen (wie etwa Großbritannien und auch Deutschland). Im politischen System der USA verfügt der Präsident über eine Fülle persönlicher Macht. Er ist Staatsoberhaupt, Regierungschef und Oberbefehlshaber der Streitkräfte und wird über Wahlmänner, d.h. indirekt, über vier Jahre vom Volk gewählt. Im Falle äußerer Bedrohung, etwa nach dem 11. September 2001 verstärkt sich die Machtfülle des Präsidenten noch. In Deutschland hingegen gibt es eine sogenannte doppelte Exekutive zwischen dem Bundespräsidenten und dem Bundeskanzler, der vom Bundestag durch eine absolute Mehrheit grundsätzlich für vier Jahre gewählt wird. Der von der Bundesversammlung gewählte Bundespräsident nimmt eher repräsentative Funktionen wahr, während der Bundeskanzler mit einem sogenannten Kabinett aus Bundesministern regiert.

Gewaltenteilung versus Gewaltenverschränkung

In den USA wird die starke Stellung des Präsidenten durch ein System der „checks and balances" abgefedert, das auf das Modell einer strikten, funktionalen Gewaltenteilung zwischen Legislative, Exekutive und Judikative von Charles Baron de Montesquieu (1689-1755) zurückgeht. Dennoch basiert das politische System der USA mehr auf einer Trennung der Gewalten als auf eine Teilung der Gewalten. Mit anderen Worten amtieren die Verfassungsorgane des Bundes - der Kongress, der Präsident und das Oberste Bundesgericht (Supreme Court) - getrennt voneinander, haben jedoch an den Grundfunktionen der Staatsgewalt wechselseitig und gemeinsam teil. Gemäß diesem Mechanismus der „checks und balances" treten gegenseitige Hemmnisse, aber auch Kooperationszwänge immer dort auf, wo Entscheidungen zu treffen sind. Zu echten Reibungsverlusten führt dieser Mechanismus vor allem dann, wenn Präsident und Kongressmehrheit nicht derselben Partei angehören (das sogenannte „divided government").

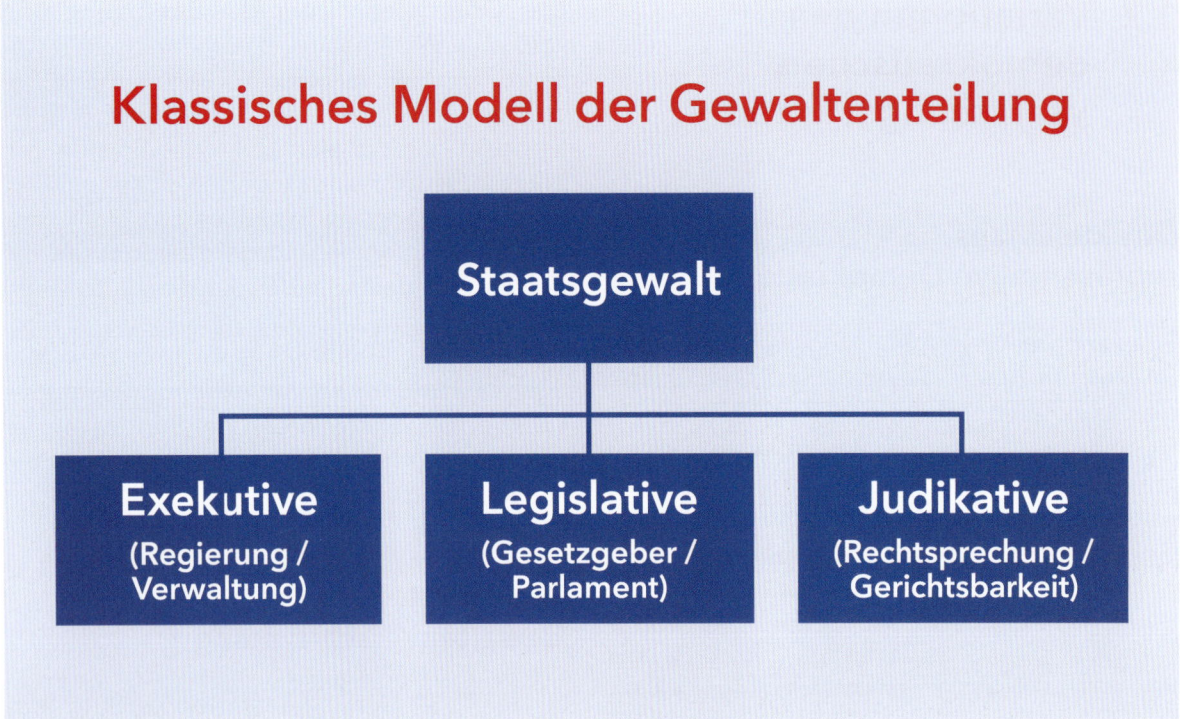

In den parlamentarischen Demokratien wie der Bundesrepublik Deutschland hat sich eine andere Form der Gewaltenteilung, eine sogenannte Gewaltenverschränkung herausgebildet. Die Trennlinie verläuft nicht mehr zwischen Parlament und Regierung, sondern zwischen Parlamentsmehrheit und Regierung auf der einen und der Opposition auf der anderen Seite. Die Regierung geht aus den Mehrheitsfraktionen hervor und wird von ihr getragen. Die Mitglieder der Regierung sind in der Regel auch Mitglieder des Parlaments. Gegenspieler von Regierung und Parlamentsmehrheit ist die Opposition. In Deutschland sind die Beschränkung und Kontrolle der Macht der Regierenden daher durch folgende Faktoren gewährleistet:

→ durch die Opposition im Bundestag,
→ das föderalistische System mit der Aufteilung der staatlichen Gewalt zwischen Bund, Ländern und Gemeinden,
→ die unabhängige Justiz und
→ die öffentliche Meinung.

! Wie auch immer in der Verfassungsordnung der freiheitlichen Demokratien die Aufgabenteilung und das Zusammenwirken der staatlichen Organe organisiert ist: Entscheidend ist, dass die staatliche Gewalt nicht unbeschränkt in der Verfügungsgewalt einer Hand oder kleinen Gruppe konzentriert ist, sondern eine Aufteilung der Machtausübung und eine wechselseitige Kontrolle der Verfassungsorgane gegeben ist.

2. Merkmale von Diktaturen als Gegenpol zur Demokratie

2.1. Merkmale totalitärer Diktaturen

Im schärfsten möglichen Gegensatz zum demokratischen Verfassungsstaat stehen totalitäre Diktaturen. Totalitäre Systeme sind die schlimmste Form politischer Herrschaft. Bereits der Begriff „totalitär" (lateinisch totus = ganz) weist auf den allumfassenden Macht- und Gestaltungsanspruch dieser Herrschaftsform hin, der den Einzelnen ganz durchdringen soll.

Folgende fünf Merkmale kennzeichnen totalitäre Diktaturen:

→ die Ideologie,
→ der Terror,
→ die Massenpartei,
→ die Medienlenkung,
→ die Wirtschaftslenkung.

Merkmale totalitärer Diktaturen

Ideologie

Die Ideologie ist geschlossen; sie erhebt mit einem strikten Freund-Feind-Denken den Anspruch absoluter Erkenntnis, mit Vorstellungen eines kommenden Reiches oder einer kommenden Gesellschaft über das Diesseits hinaus. Deshalb werden totalitäre Regime auch als „politische Religionen" bezeichnet.

Terror

Der Terror vollzieht sich zur Zementierung und Absicherung der Herrschaft und den ideologischen Vorstellungen im eigenen Staat. Hierzu bedienen sich totalitäre Diktaturen oft einer Geheimpolizei und verfolgen Andersdenkende rücksichtslos. Die Bürger sind der Gewalt des Staates schutzlos ausgeliefert und haben insbesondere auch keine rechtlichen Mittel der Gegenwehr.

Massenpartei

Die Macht im Staat obliegt einer einzigen, hierarchisch strukturierten Massenpartei. Der Staat ist Hülle, die Partei der Kern. Sie durchdringt nicht nur den Staat, sondern alle Bereiche des Staatsapparats, womit ein Gewaltmonopol entsteht.

Medienlenkung

Die Massenmedien werden zu Propagandazwecken monopolisiert und staatlich kontrolliert. Jede Kritik an Zensurmaßnahmen wird im Keim erstickt. Ein öffentlicher Austausch und Wettbewerb unterschiedlicher Meinungen bleibt aus, Kritik am Regierungshandeln ist unmöglich.

Wirtschaftslenkung

Da es im totalitären System keine politikfreie Sphäre gibt, werden wirtschaftliches Leben und unternehmerisches Handeln von Partei und Staat zentral gesteuert. Wie alle anderen gesellschaftlichen Bereiche hat sich auch die Wirtschaft der Umsetzung der ideologischen Ziele zu unterwerfen.

Das „Zeitalter der Extreme"

Zwar hat sich in keiner anderen Zeit die Staatsform der Demokratie weltweit stärker ausgebreitet als im 20. Jahrhundert, doch war auch zu keiner anderen Zeit die Herrschaft der Diktatur strenger, imperialer und furchtbarer ausgeprägt, was sich besonders in den beiden Weltkriegen und bisher nie dagewesenen Verbrechen gegen die Menschlichkeit zeigte. Daher gilt das 20. Jahrhundert in der ersten Hälfte nach den Worten des englischen Historikers Eric Hobsbawm als „Zeitalter der Extreme". Der sowjetische Stalinismus (1924-1953) und der deutsche Nationalsozialismus (1933-1945) strebten gar die „totale" Steuerung der Gesellschaft an, weshalb sie als totalitäre Staats- und Herrschaftsformen bezeichnet werden. Das Individuum zählte darin nichts; der Mensch musste sich einem Kollektiv, einer Gemeinschaft, völlig unterordnen. Um den Stalinismus und den Nationalsozialismus herum ist eine Vielzahl an kommunistischen und faschistischen Regimen entstanden, die mitunter nicht totalitär, aber doch stark ideologisch aufgeladen waren. Beide Regimetypen können als extremistische Ausformungen verstanden werden, da deren Protagonisten behaupteten, über ein „höheres Wissen" zu besitzen, um die Welt erklären zu können.

In den kommunistischen Regimen, vor allem in der sowjetischen Einflusssphäre („Ostblock"), wurden die Ideen von Karl Marx (1818-1883) und Friedrich Engels (1820-1885) instrumentalisiert, die der kapitalistischen Gesellschaftsordnung den Kampf angesagt hatten. Ihre Gesellschafts-, Wirtschafts- und Staatstheorie sah wegen der bestehenden Ungerechtigkeiten eine „Diktatur des Proletariats" vor, die in der kommunistischen Praxis eine Einparteiendiktatur der kommunistischen Partei bedeutete. Es entstand zugleich eine Reihe an rechtsgerichteten Bewegungen. In Italien entstand 1922 unter Benito Mussolini (1883-1945) ein faschistisches, imperialistisches Regime (das italienische „fasci" meint Rutenbündel, die im römischen Reich Zeichen von Macht waren). Der Begriff bezeichnet dann auch die von solchen Regimen und Tendenzen geprägte Epoche der Geschichte Europas bis 1945, mit dem Nationalsozialismus als totalitäre Sonderform. In Spanien blieb die faschistische Diktatur unter Franco (1892-1975) sogar bis 1975 bestehen.

Stalinistischer Totalitarismus

Der sowjetische Stalinismus (1924-1953) war eine totalitäre Diktatur. Unter Wladimir Iljitsch Uljanow, genannt Lenin (1870-1924), entstand im Oktober 1917 zunächst die erste kommunistische Diktatur als Folge eines revolutionären Umbruchs in Russland. Noch im gleichen Jahr begann die Verfolgung der Mitglieder sämtlicher bürgerlichen Parteien, verbunden mit dem Verbot der Parteien und ihrer Presseorgane. Mithilfe der im Jahr 1917 gegründeten „Außerordentlichen All-

Josef Stalin (1878-1953) vereinte alle Macht in der Sowjetunion auf sich, als Generalsekretär der Kommunistischen Partei, ab 1941 als Vorsitzender des Rates der Volkskommissare (Regierungschef) und ab 1946 als Vorsitzender des Ministerrats der UdSSR.

russischen Kommission zur Bekämpfung von Konterrevolution, Spekulation und Sabotage" (kurz: „Tscheka") – der politischen Polizei der neu gegründeten UdSSR – wurden vermeintliche oder tatsächliche Systemgegner mit terroristischen Methoden verfolgt.

Nach dem Tod Lenins verschärfte sich der diktatorische Gehalt des Regimes. Der neue Herrscher Josef Stalin (1878-1953) ließ Konzentrationslager für Zwangsarbeiter errichten (Gulags). Infolge der vorangetriebenen Kollektivierung der Landwirtschaft kam es zu Misswirtschaft und Hungersnöten, wobei in den Jahren 1932 und 1933 insbesondere in der Ukraine, an der Wolga und im nördlichen Kaukasus bis zu sechs Millionen Menschen ums Leben kamen.

Auch die Jahre der sogenannten „Stalinistischen Säuberungen" 1936 bis 1938 waren geprägt von der systematischen Verfolgung politischer Gegner, insbesondere aus dem Bürgertum und den Bildungseliten. Ganze ethnische Minderheiten, die angeblich gegen das Regime Stalins konspirierten, wurden ausgelöscht. Verschwörungstheorien, unter Folter erpresste Geständnisse, Lagerhaft und Schauprozesse, die Hunderttausenden den Tod brachten, stehen für diese Zeit.

Nach dem Tod Stalins wurde zwar eine „Entstalinisierung" eingeleitet, das kommunistische Diktatursystem hielt bis zum Ende der Sowjetunion im Jahr 1991 an. Zuvor wurde es aber unter Michail Gorbatschow und seine Öffnungspolitik auch gegenüber dem Westen bereits aufgeweicht und entfaltete eine Eigendynamik. Der Verlust des Einflusses der Sowjetunion, verbunden mit dem maroden Zustand der Diktaturen sowie dem Freiheitswillen der Bürger, sorgte für eine Welle der Freiheit und führte schließlich zum Siegeszug der Demokratie in Europa während des Umbruchs 1989/1990. Zahlreiche Diktaturen wurden gestürzt, wie etwa der besonders brutale rumänische Diktatur Nicolae Ceaușescu (1918-1989), der 1989 im Zuge des Umsturzes hingerichtet wurde.

Totalitärer Nationalsozialismus

Der Nationalsozialismus war ebenfalls totalitär und nach der nur formal demokratischen Machterlangung am 30. Januar 1933 auf totale Gleichschaltung und Ausschaltung aller kritischen Stimmen angelegt. Der „neue Staat" war ganz auf den „Führer" Adolf Hitler (1889-1945) ausgerichtet, der eine Ein-Parteien-Herrschaft installierte. Seine rassistische, antisemitische und sozialdarwinistische Weltanschauung, verbunden mit seinen außenpolitischen Expansionszielen legte Hitler bereits in seinem Buch „Mein Kampf" offen (erschienen in zwei Teilen 1925 und 1926).

An der Macht wurden umgehend sämtliche Grundrechte aufgehoben, darunter die Presse- und Versammlungsfreiheit. Begleitet waren diese administrativen Maßnahmen vom

Nach seiner Ernennung zum Reichskanzler am 30. Januar 1933 beseitigten Adolf Hitler (1889-1945) und sein Regime in wenigen Monaten die demokratische Ordnung, den Föderalismus und den Rechtsstaat in Deutschland. Hier spricht er im September 1934 auf dem Parteitag der NSDAP in Nürnberg.

Vorgehen paramilitärischer und militärischer Einheiten – der „Sturmabteilung" (SA) und der „Schutzstaffel" (SS) – sowie der „Geheimen Staatspolizei" (Gestapo). Seine in der „Nationalsozialistischen Deutschen Arbeiterpartei" (NSDAP) organisierten Anhänger gelangten unter ihm 1933 zur Herrschaft und verwandelten das Deutsche Reich 1933 bis 1945 in einen diktatorischen „Führerstaat". Man internierte politische Gegner und andere unliebsame Personen, viele bezahlten ihren Widerstand mit dem Tod.

Der größte Zivilisationsbruch des Nationalsozialismus war der Massenmord an den europäischen Juden. In den Konzentrations- und Vernichtungslagern der NS-Diktatur starben während des Holocausts mehr als 6 Millionen Menschen. Mit dem Polenfeldzug 1939 löste das NS-Regime den Zweiten Weltkrieg aus, der mit bisher unvorstellbaren Kriegsverbrechen und der Ausweitung der Vernichtungspolitik einherging. Die staatlich gelenkte Wirtschaft wurde mit massiver Aufrüstung der Kriegsführung und -durchführung untergeordnet. Die Zeit des Nationalsozialismus endete mit der bedingungslosen Kapitulation der Wehrmacht am 8. Mai 1945.

Islamistischer Fundamentalismus

Auch der fundamentalistische Staat weist totalitäre Züge auf. Im letzten Drittel des 20. Jahrhunderts entstanden islamistisch-theokratische Systeme, bei denen die Staatsgewalt allein religiös im Sinne einer Statthalterschaft für Gott legitimiert wird. Im Iran beispielsweise entwickelte sich mit der Revolution von 1979 ein Regime, das mit einer Geheimpolizei und „Revolutionswächtern" brutal gegen Andersdenkende vorging. Der Revolutionsführer Ayatollah Khomeini (1902-1989) stand dabei unkontrolliert über der exekutiven, legislativen und judikativen Gewalt. Nach seinem Tod lockerten sich die Strukturen des de facto totalitären Regimes ein Stück weit, ohne dass der absolute Herrschaftsanspruch der Geistlichkeit jedoch aufgegeben wurde.

Totalitarismus im 21. Jahrhundert? Nordkorea

Totalitarismus ist damit kein Phänomen des 20. Jahrhunderts, obwohl es durch das Internet besondere Möglichkeiten des Informationsaustausches gibt. Ein besonders merkwürdiges Beispiel totalitärer Herrschaft ist der Staat Nordkorea, der nun in dritter Generation quasi als Erbdynastie mit starkem Militär und einer eigenen Ideologie stalinistischer Prägung fortbesteht. Nordkorea gilt als restriktivster Staat der Welt. Immer wieder steht das Land in der Diskussion durch die Existenz von Arbeits- und Gefangenenlagern, sein Aufrüstungsprogramm und die Drohgebärden gegenüber seinen Nachbarn und anderen Staaten.

Die eigene Ideologie wird als Juche-Ideologie bezeichnet. Kern der Ideologie ist, dass die Interessen der eigenen Nation über denen der internationalen kommunistischen Bewegung

Immer wieder versucht die Führung in Nordkorea durch Inszenierungen und Drohgebärden militärische Stärke zu demonstrieren – hier bei einer Parade in Pjöngjang im Oktober 2010 vor dem damaligen Führer Kim Jong-il und seinem Sohn Kim Jong-un, der ihm nach seinem Tod 2011 als „Oberster Führer" von Volk, Partei und Streitkräften nachgefolgt ist.

stehen und dass ein „Arbeiterführer" die Gesellschaft transformieren muss. Dieser Ideologie zufolge muss jede Nation die gesellschaftliche Revolution eigenständig vorantreiben.

Die drei Prinzipien, die seit 1977 in Nordkorea offiziell den Marxismus-Leninismus ersetzen, sind:

→ politische Souveränität,
→ wirtschaftliche Selbstversorgung,
→ militärische Eigenständigkeit.

Der Staat hat demnach die Aufgabe, politische, wirtschaftliche und militärische Unabhängigkeit zu gewährleisten. Mit diesen Prinzipien begründet Nordkorea die Isolierung gegenüber dem Ausland. Gerade zu Südkorea besteht eine ideologische Feindschaft, die in mancher Hinsicht an die Teilung Deutschlands mit der DDR-Sicht vom „feindlichen Bruder" und „Klassenfeind" erinnert. Der Mensch steht laut der Ideologie in der Position eines Gestalters und Herrschers der Welt. Jedoch müsse sich der einzelne Mensch den Volksmassen unterordnen, da er sich nur in der Gruppe entfalten könne. Die Volksmassen wiederum sollen durch die Partei und den Führer geleitet werden. Daraus entspringt eine totalitäre Logik.

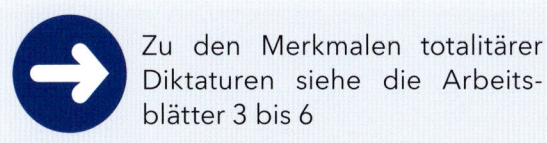

Zu den Merkmalen totalitärer Diktaturen siehe die Arbeitsblätter 3 bis 6

2.2. Merkmale autoritärer Diktaturen

In autoritären Regimen sind die Intensität sowie der Gestaltungsanspruch der politischen Führung vergleichsweise schwächer ausgeprägt als in totalitären Herrschaftssystemen. Der Begriff des Autoritären zielt dennoch auf die Nichtbeachtung demokratischer Regeln und Verfahren, eine Sammelkategorie für unterschiedliche Formen von staatlicher Willkür, informeller Unterwanderung der staatlichen Organe und Manipulation der öffentlichen Meinung.

Drei Merkmale sind charakteristisch:

→ **Keine geschlossene Ideologie:** Die Ideologie steht nicht im Mittelpunkt des Staates; sie ist eher allgemein gehalten und hat keinen (über-)weltlichen Erkenntnisanspruch.
→ **Eingeschränkter Pluralismus:** Anders als bei der Gleichschaltung in totalitären Regimen werden eine öffentliche Meinung und Meinungsbildung begrenzt gestattet.
→ **Keine ständige Mobilisierung der Massen:** Zur Absicherung der Diktatur genügt eine passive, unkritische Einstellung der Bevölkerung.

Autoritäre Regime haben sich in der zweiten Hälfte des 20. Jahrhunderts insbesondere in Lateinamerika entwickelt, konkret in Formen von Militärregimen. Viele Staaten bewegen sich in einer Grauzone zwischen autoritären und ansatzweise demokratischen Strukturen, eine klare Zuordnung ist nicht immer möglich. Die kommunistischen Herrschaftsformen sind bis heute mindestens als autoritär zu bezeichnen, beispielsweise die politischen Systeme Kubas und Chinas (mit totalitären Zügen). Als eindeutig totalitär gilt dagegen Nordkorea.

Sonderweg Chinas – Kommunismus mit kapitalistischer Wirtschaftsordnung

China hat dabei einen Sonderweg eingeschlagen, der bis heute Bestand hat. Wirtschaftlich ist der streng durchorganisierte Staat mit der Vormachtstellung der Kommunistischen Partei so erfolgreich, dass seine Weltmachtstellung China zum strategisch wichtigen Gesprächspartner des Westens gemacht hat. Aufgrund des Wirtschaftsaufschwungs stellt manch ein Beobachter die Frage, ob der Kommunismus noch funktioniert. Dessen Prinzip hat aber bis heute Bestand.

Der Staat ist stark von Mao Tse-Tung (1893-1976) geprägt worden, der von 1943 bis 1976 Vorsitzender der Kommunistischen Partei Chinas und von 1954 bis 1959 Staatspräsident der Volksrepublik China war. Seine als Maoismus bezeichnete Politik legte die Grundlagen für die Veränderung Chinas von einem rückständigen agrarischen Feudalstaat zu einer politischen und wirtschaftlichen Großmacht. Zugleich wird Mao durch die von ihm vorangetriebenen Kampagnen und Programme, insbesondere dem mit planwirtschaftlichen Zielen ausgegeben „Großen Sprung nach vorn" sowie der Kulturrevolution, mittelbar für den Tod von Millionen Menschen und für wesentliche wirtschaftliche Schäden, Verluste an kulturellem Erbe und fehlentwickelten gesellschaftlichen Strukturen verantwortlich gemacht. Während seiner Herrschaft starben nach Schätzungen zwischen 44 bis 72 Millionen Menschen.

Bei der Kommunistischen Partei Chinas, mit gegenwärtig über 82 Millionen Mitgliedern die größte Partei der Welt, funktioniert die Parteikarriere nach dem Opferprinzip. Stufe für Stufe müssen sich die Anhänger bewähren. Zuerst erfolgt eine monatelange Mitgliedschaft auf Probe. Die Partei erwartet einen lückenlosen Lebenslauf und will Namen von Arbeitgeber und Verwandten wissen, unterteilt in die Kategorien „KP-Mitglied" oder „Volksmasse". Der Schwur auf die Mitgliedschaft beinhaltet, die Geheimnisse der Partei zu hüten und sich vollständig ihrem Willen unterzuordnen.

Wer sich dieser Durchdringung von Staat und Gesellschaft widersetzt und demokratische Reformen einfordert, muss in China weiterhin mit staatlicher Verfolgung rechnen. Langjährige Haftstrafen und Hausarreste sind keine

Seltenheit. Das Massaker an protestierenden Studenten auf dem „Platz des Himmlischen Friedens" in Peking bildete 1989 einen der traurigen Tiefpunkte der kommunistischen Machtpolitik. Auch gilt China als das Land mit den meisten vollstreckten Todesurteilen in der Welt. Auf der anderen Seite hat sich China durch seine wirtschaftliche Vormachtstellung auch gegenüber dem Westen geöffnet und steht in internationalem Austausch, der sich insbesondere auch auf die junge Bevölkerung auswirkt. Wie China in Zukunft den Spagat zwischen einer teils totalitären, teils autoritären Lenkung von Staat und Gesellschaft und der wirtschaftlichen Öffnung und Vernetzung gestalten wird, ist offen. Die weiterhin fest etablierte und durchgesetzte Führungsrolle der KP, die anhaltenden Menschenrechtsverletzungen und die weiterhin unterdrückte Demokratiebewegung zeigen aber, dass China weiterhin zu den kommunistischen Diktaturen gehört.

DDR zwischen Totalitarismus und Autoritarismus

Die DDR, ein Kunstprodukt des Kalten Krieges unter sowjetischem Deckmantel, wies insbesondere in der Anfangszeit totalitäre Elemente auf, wohingegen insbesondere in den 1980er Jahren die autoritären Elemente überwogen. Die 1949 aus der sowjetischen Besatzungszone entstandene DDR war nur auf dem Papier eine „Deutsche Demokratische

Während der Kundgebung am 1. Mai 1970 in Ostberlin unterstrichen Teilnehmer den Führungsanspruch der SED. Derartige, von der Partei gelenkte Inszenierungen der Gemeinsamkeit zwischen dem Volk und der Parteiführung sind ein wichtiges Instrument der Propaganda in Diktaturen.

Republik". In Wirklichkeit war sie eine Diktatur, in ihrer Anfangszeit nach stalinistischem Muster. Auch in der DDR waren die Menschenrechte dem sozialistischen Staatsziel untergeordnet. Freiheitsrechte bestanden zwar formal, konnten jedoch jederzeit eingeschränkt werden. Die Ideologie der „Sozialistischen Einheit Deutschlands" (SED) verteufelte die Bundesrepublik als „Klassenfeind" und raubte den Bürgern ihre Reisefreiheit. Die Errichtung der Berliner Mauer 1961 sollte eine massenhafte Abwanderung verhindern und machte das „unrechtmäßige" Verlassen der DDR fortan zu einem lebensgefährlichen Unterfangen. Die Zahl der Todesopfer an der innerdeutschen Grenze wird auf etwa 1.000 geschätzt – in einem Forschungsprojekt wird dies derzeit genauer geklärt.

Für die Verfolgung politisch Andersdenkender schuf das SED-Regime eine politische Geheimpolizei, das Ministerium für Staatssicherheit („Stasi"), in dessen Amtsstuben Briefe ohne rechtliche Genehmigung gelesen oder private Telefongespräche abgehört wurden. Die Zahl der politischen Gefangenen in den Jahren 1949 bis 1989 wird auf 200.000 bis 250.000 geschätzt. Der Druck auf die Parteiführung hat in den Achtziger Jahren dennoch zugenommen. 1989/90 haben der Freiheitswille und die Zivilcourage der Menschen auf den Straßen in Leipzig, Ostberlin und vielen anderen Städten der DDR durch die friedliche Revolution zur Ablösung der SED-Diktatur geführt.

Zwischen Demokratie und Diktatur – der Fall Russland

Russland heutzutage ist eine Mischform aus Demokratie und Diktatur, angesiedelt im Graubereich. Die Verfassung trägt trotz der starken Stellung des Präsidenten demokratische Züge. In der Wirklichkeit aber gibt es zahlreiche Belege für demokratische Defekte bzw. für autoritäre Herrschaftsmechanismen. Passivität und Entpolitisierung der Bevölkerung, wenig Partizipation am politischen Prozess, eine schwache Stellung des Parlaments sowie die Beschränkung der Medien- und Wahlfreiheit, die Verflechtung zwischen Politik und Wirtschaft sowie eine Politik „der starken Hand" nach innen und nach außen sind Kennzeichen des politischen Systems. Die gesellschaftlich kaum verankerte Parteienland-

schaft wird von einer Partei des Kremls dominiert. Die Wahlen zur Duma unterliegen von der Parteienregistrierung bis zum Wahlgang selbst einer zentralen Steuerung.

Hoffnung und Enttäuschung im 21. Jahrhundert

Im 21. Jahrhundert scheint die globale Vernetzung etwa durch Internet und die damit verbundene Fixierung auf den westlichen Lebensstil auch die Ausbreitung der Demokratie stetig voranzubringen. Die „neuen Kriege" etwa gegen den Irak und Afghanistan zeigen aber, wie schwierig solche Prozesse sind. Immer wieder ist in Anlehnung an den amerikanischen Wissenschaftler Samuel Huntington von einem häufig missverstandenen und -interpretierten „Kampf der Kulturen", besonders zwischen dem Westen und dem Islam, die Rede. Dieser Auffassung gaben die Selbstmordattentate fanatischer Islamisten am 11. September 2001 sowie weitere Anschläge der Terrororganisation Al Qaida neue Nahrung.

Hoffnung gab der im Dezember 2010 einsetzende, sogenannte „arabische Frühling". Eine Serie an Protesten, Aufständen und Revolutionen in der arabischen Welt richtete sich, beginnend mit der Revolution in Tunesien, in etlichen Staaten im Nahen Osten und in Nordafrika (Maghreb), gegen die dort autoritär herrschenden Regime und die politischen und sozialen Strukturen dieser Länder. Zahlreiche junge Leute waren gerade über die neuen Medien aktiv. Die autokratisch geprägte Region galt bislang selbst unter Experten als stabil. Dennoch zeigen die mühsamen Prozesse nach der arabischen Frühlingseuphorie im Westen, wie schwer es ist, das westliche Demokratiemodell auf andere Regionen und politische Kulturen zu übertragen. Dieser Befund bekräftigt sich mit den stockenden Demokratisierungsprozessen sogar im erweiterten Europa selbst, vor allem in Belarus und der Ukraine sowie den ebenfalls starken Oligarchisierungstendenzen im Kaukasus.

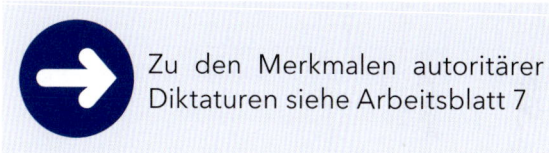 Zu den Merkmalen autoritärer Diktaturen siehe Arbeitsblatt 7

II. Unterscheidungsmerkmale von Demokratie und Diktatur

1. Verfassung und Staat

1.1. Menschenrechte und Gesellschaftsbild in der Demokratie

Menschenrechte als Freiheitsansprüche

Menschenrechte in der Demokratie sind Freiheitsansprüche, die der Einzelne aufgrund seines Menschseins inne hat. Ein staatliches Gemeinwesen wird erst dann demokratisch, wenn es die „natürlichen", „vorstaatlichen" und „angeborenen" Rechte des Einzelnen nicht antastet. Garantie und Schutz von Menschenrechten sind die elementarsten Aufgaben eines demokratischen Staates. Er leitet daraus erst seine Existenzberechtigung ab.

Menschenrechte im Grundgesetz

Das 1949 verabschiedete Grundgesetz der Bundesrepublik Deutschland schützt als wichtigstes Gut gleich zu Beginn die Menschenwürde. Sie zu achten und zu schützen ist Verpflichtung aller staatlicher Gewalt" (Art. 1 Abs. 1 GG). Ferner bekennt sich das deutsche Volk zu „unverletzlichen und unveräußerlichen Menschenrechten als Grundlage jeder menschlichen Gemeinschaft, des Friedens und der Gerechtigkeit in der Welt" (Art. 1 Abs. 2 GG). Niemand soll mehr in den elementaren Bedingungen einer menschenwürdigen, selbstbestimmten Existenz beschränkt oder verletzt werden.

Der Grundgesetzentwurf von Herrenchiemsee bringt das demokratische Verständnis der Menschenrechtsidee auf den Punkt: „Der Staat ist um des Menschen willen da, nicht aber der Mensch um des Staates willen." Eng mit der Menschenwürde verflochten ist das Recht auf „freie Entfaltung der Persönlichkeit" (Art. 2 Abs. 1 GG) sowie auf die „Unverletzlichkeit der Freiheit der Person" (Art. 2 Abs. 2 GG). Freiheit heißt Selbstbestimmung, heißt, aus freien Stücken und ohne Zwang tun oder unterlassen zu können, was man möchte. Freiheit ist die Basis für eine funktionierende Demokratie.

Aus der Ideengeschichte der Menschenrechte

John Locke und der Gesellschaftsvertrag

Demokratische Ideen waren eigentlich schon weit ausgereift, als im 20. Jahrhundert Einzelgruppen ihren totalitären Gestaltungsanspruch durchsetzen konnten und damit eine ganze Epoche prägten. Der Engländer John Locke (1632-1704) etwa hatte bereits Jahrhunderte zuvor seine Theorie vom Naturzustand des Menschen formuliert, in dem Freiheit und Gleichheit herrschen. Die Freiheit verstand Locke dabei nicht als Zügellosigkeit, sondern sah sie stets eingebettet in das Naturgesetz, das dem Einzelnen die Achtung der Mitmenschen vorschreibt. Der Staat entsteht in der Naturrechtslehre erst durch einen Gesellschaftsvertrag, d.h. durch den freien Willen freier Menschen, sich zu einem politischen Gemeinwesen zu vereinigen.

Bill of Rights 1689

Menschen- und Bürgerrechte bleiben eine wertlose Hülle, wenn die Regierung nicht gezwungen werden kann, die Freiheitsrechte des Bürgers zu achten. Großbritannien wurde Vorreiter dieser

Gedanken. Grundlegend für das Verständnis der parlamentarischen Demokratie ist die in der „Glorious Revolution" von 1688 erkämpfte und 1689 formulierte „Bill of Rights", ein Freiheitskatalog, der in England die absolutistische Herrschaft der katholischen Stuart-Könige beendete und eine konstitutionelle Monarchie schuf, in der die Souveränität fortan beim Parlament lag. Im Unterschied zu Deutschland seit 1949 ist die parlamentarische Demokratie Großbritanniens bis heute keine Republik, sondern eine konstitutionelle Monarchie, die auf keiner geschriebenen Verfassung wie in Deutschland dass Grundgesetz beruht, sondern auf jahrhundertealten Dokumenten wie die „Magna Charta Libertatum" von 1215, Parlamentsakte (statute law), gewohnheitsrechtliche Regelungen (common law) und Konventionen (conventions).

Bekenntnisse zur Demokratie: amerikanische Unabhängigkeitserklärung und französische Revolution

Das Unabhängigkeitsstreben der amerikanischen Kolonien vom englischen Mutterland brachte ein richtiges Manifest der Demokratie hervor. Die Grundrechtserklärung des Staates Virginia vom 12. Juni 1776 hatte z.B. großen Einfluss auf die Ausformulierung der amerikanischen Unabhängigkeitserklärung vom 4. Juli 1776 und die amerikanischen „Bill of Rights" vom 25. September 1789. Den endgültigen Durchbruch erlebten die Lock'schen Ideen von der Volkssouveränität, den Menschen- und Bürgerrechten, der Gewaltenteilung und der parlamentarisch kontrollierten Regierung mit der Niederlegung seines Liberalismus in der Verfassung der Vereinigten Staaten von Amerika (1787/88). Inspiriert von den Umwälzungen in der „neuen Welt" legte auch die Französische Revolution mit der Erklärung der Menschen- und Bürgerrechte vom 26. August 1789 ein beeindruckendes Bekenntnis zur Demokratie ab. Anders als in den USA sollte dieser Zustand von „Freiheit, Gleichheit und Brüderlichkeit" – die Prinzipien der Revolution – nicht lange anhalten.

Vereinte Nationen

Selbst nach dem Ersten Weltkrieg, der „Urkatastrophe des 20. Jahrhunderts", war die Staatengemeinschaft noch nicht bereit, das Thema Menschenrechte in einen internationalen Rahmen zu stellen. Erst seit 1945, als unmittelbare Folge des Zweiten Weltkrieges, hat sich ein universaler Menschenrechtsschutz herausgebildet. Eine Vielzahl von Staaten schloss sich zu Vereinten Nationen (UN) zusammen, einer Organisation, die vor allem die Einhaltung des Weltfriedens sichern und den Krieg als Mittel der Politik ächten soll. Die UN-Generalversammlung verabschiedete am 10. Dezember 1948 die „Allgemeine Erklärung der Menschenrechte", einen Meilenstein in der Geschichte der Menschenrechte. Damit fand der Menschenrechtsgedanke erstmals Eingang in die internationale Staatenwelt.

Schutz der Menschenrechte durch Pluralismus

Die Geschichte und Gegenwart der Menschenrechte lehren, dass nur die Demokratie in der Lage ist, Menschenrechte wirksam zu schützen. In der deutschen Verfassungstradition wurde nach dem Zweiten Weltkrieg und dem „von außen" erzwungenen Ende des Nationalsozialismus mit dem Grundgesetz die Unterscheidung zwischen einem unstreitigen und streitigen Sektor vorgenommen. Hier folgten die Verfassungsväter und -mütter der Pluralismustheorie von Ernst Fraenkel. Der unstreitige Sektor betrifft den Bereich der anerkannten Grund- und Menschenrechte (Wertekonsens) und der fundamental gesicherten Verfahrensregeln (Verfahrenskonsens). Dieser Sektor wird durch die freiheitlich demokratische Grundordnung beschrieben und vom Grundgesetz geschützt (Art. 79 Abs. 3 GG).

 Zur freiheitlichen demokratischen Grundordnung, das vom Bundesverfassungsgericht 1952 im Urteil zum Verbot der kommunistischen Partei KPD präzisiert wurde, zählen:

→ das Recht des Volkes, die Staatsgewalt in Wahlen und Abstimmungen und durch besondere Organe der Gesetzgebung, der vollziehenden Gewalt und der Rechtsprechung auszuüben und die Volksvertretung in allgemeiner, unmittelbarer, freier, gleicher und geheimer Wahl zu wählen,

→ die Bindung der Gesetzgebung an die verfassungsmäßige Ordnung und die Bindung der vollziehenden Gewalt und der Rechtsprechung an Gesetz und Recht,

→ das Recht auf Bildung und Ausübung einer parlamentarischen Opposition,

→ die Ablösbarkeit der Regierung und ihre Verantwortlichkeit gegenüber der Volksvertretung,

→ die Unabhängigkeit der Gerichte,

→ der Ausschluss jeder Gewalt- und Willkürherrschaft und

→ die im Grundgesetz konkretisierten Menschenrechte.

Im streitigen Sektor hingegen geht es um die gesellschaftlich kontroversen Gestaltungsfragen und politischen Vorhaben, die im Rahmen der Verfassungsordnung angestrebt werden. Hier ist der politische Konflikt zugelassen, er ist sogar erwünscht – der Pluralismus der Meinungen nämlich ist gerade durch den Werte- und Verfahrenskonsens legitimiert. Auch die aufgeklärte Gesellschaft selbst muss Toleranz zeigen, Mindermeinungen zulassen und beispielsweise Minderheiten akzeptieren. Der Pluralismus ist dafür eine wichtige Voraussetzung und darf erst dann staatliche Einschränkung erfahren, wenn der demokratische Grundkonsens verlassen wird.

Wie das Ende der Weimarer Republik mit der formal legalen „Machtergreifung" durch die Nationalsozialisten zeigt, muss der demokratische Staat als „wehrhafte oder streitbare Demokratie" stets wachsam gegenüber seinen Feinden sein, die heute Extremisten oder Terroristen heißen. Auch im 21. Jahrhundert gibt es Gruppierungen oder Einzeltäter mit rechtsextremer, linksextremer oder fundamentalistischer Gesinnung, die dem demokratischen Verfassungsstaat den Kampf ansagen.

Welche Schwierigkeiten es den westlichen Demokratien seit dem 11. September 2001 bereitet, die Balance zwischen staatlich garantierter Sicherheit und bürgerlichen Freiheiten zu halten, zeigt die Diskussion um die Online-Durchsuchung privater Computer zum Zwecke der Terrorabwehr. Ein Blick in

die Geschichte lehrt, dass die Achtung der Menschenrechte keineswegs eine Selbstverständlichkeit ist – auch in Demokratien. Die Sklaverei in den USA im 18. und 19. Jahrhundert kann hier als Beispiel dienen.

 In der Demokratie gilt es immer wieder, die Verfassungswirklichkeit und insbesondere staatliches Handeln mit den Verfassungsprinzipien zu überprüfen. Der Staat muss bei jeder Beschränkung der Grundrechtsausübung des Einzelnen abwägen, ob ein Eingriff gerechtfertigt ist. Gerade der Grundsatz der Verhältnismäßigkeit ist für die staatliche Machtausübung ein zentraler Prüfstein zum Schutz des Einzelnen und seiner Rechte. Dieser ist dem Staat gegenüber auch nicht schutzlos, sondern hat rechtsstaatliche Mittel zur Abwendung. Der Rechtstaat ist ein unverzichtbarer Garant einer freiheitlichen Demokratie.

→ Zu den Menschenrechten und Gesellschaftsbild in der Demokratie siehe Arbeitsblatt 8

1.2. Menschenrechte und Gesellschaftsbild in der Diktatur

Entrechtung statt Menschenrechte

Hinter der Menschenrechtserklärung der Vereinten Nationen von 1948 steht die Überzeugung von der Universalität der Menschenwürde und von den unveräußerlichen Freiheits- und Gleichheitsrechten. Auf diesen liberalen Vorstellungen basieren das Grundgesetz der Bundesrepublik Deutschland von 1949 wie auch die Gründungsakten der Europäischen Gemeinschaften, die Römischen Verträge aus dem Jahr 1959. Hervorgegangen waren diese zivilisatorischen Errungenschaften aus den Erfahrungen der Hälfte des 20. Jahrhunderts, in der die systematische Entrechtung von Millionen von Menschen und ein beispielloser, staatlich organisierter Terror zu unvorstellbarem Leid in Europa und der Welt geführt haben.

Der Nationalsozialismus und der Stalinismus stehen hierfür als herausragende Beispiele in negativem Sinn. Beiden totalitären Regimen war gemein, dass der Einzelne sein Existenzrecht und die ihm zugehörigen politischen Rechte nicht aus seinem Menschsein ableiten konnte. Vielmehr definierte die Ideologie nach einem klaren Freund-Feind-Schema, wer dem Staat und Volk zugehörte und welche Rechte ihm zugestanden wurden. Während die nationalsozialistische Ideologie basierend auf ihrer Rassenlehre eine völkische Zuordnung traf, war dies im Stalinismus die vermeintliche Zuordnung zu einer gesellschaftlichen Klasse. In beiden Diktaturen war dies reine Willkür und traf die Ausgeschlossenen mit aller Härte der staatlichen Verfolgung.

 Dieser Zustand völliger Rechtlosigkeit des Einzelnen und seine Unterwerfung unter die Ideologie und Machtausübung der herrschenden Führung ist ein zentrales Charakteristikum von totalitären Diktaturen. Die Rechte des Individuums werden nicht aus seinem Menschsein abgeleitet und damit als allgemein gültig über die staatliche Ordnung gestellt. Vielmehr ist der Einzelne nur Objekt staatlichen Handelns, kann willkürlich Rechte gewährt und entzogen bekommen je nach der Funktion, die man ihm für die staatliche Ordnung und Gemeinschaft zuordnet. Gerade die beiden großen totalitären Diktaturen des 20. Jahrhunderts – der Nationalsozialismus und der Stalinismus – haben dies auf furchtbare Weise gezeigt.

Nationalsozialismus

Im totalitären NS-Regime sollte die bestehende Ordnung in der Gesellschaft durch eine „Volksgemeinschaft" abgelöst werden. Zu diesem Zweck vernichteten die Nationalsozialisten unter Führung Adolf Hitlers in einem Prozess der Gleichschaltung alle „volksfeindlichen Elemente". In den Monaten nach der Machterlangung im Januar 1933 wurden politische Parteien zerschlagen, Gewerkschaften und Berufsverbände aufgelöst, Vereine verboten und freie Wahlen abgeschafft. Politisch Andersdenkende wurden verfolgt, inhaftiert und viele von ihnen ermordet. An die Stelle der Willensbildung des Volkes trat nun der Wille des „Führers", der vorgab, im Sinne des „Volkes" zu entscheiden. Nationalsozialistische Großorganisationen wie die Hitler-Jugend sollten einen „funktionierenden" Staatsbürger formen.

Im nationalsozialistischen Rassismus konnte überhaupt nur ein Mitglied der „Blutsgemeinschaft" ein menschenwürdiges Dasein fristen. Mit einer unheilvollen Verquickung heidnischer Bräuche, nordischer Sagen und mystischer Astrologie erschufen die NS-Ideologen den Glauben an die Wiederauferstehung einer „arischen Herrenrasse". Menschen, die dem Idealbild des „deutschen Übermenschen" nicht entsprachen, hatten mit Verfolgung und Vernichtung zu rechnen. So wurden psychisch kranke oder körperlich behinderte Menschen getötet, offiziell unter dem

Eine Gruppe ungarischer Juden nach der Ankunft in Auschwitz im Sommer 1944. Historiker schätzen die Zahl der Toten in den dortigen Konzentrations- und Vernichtungslagern auf 1 bis 1,5 Millionen.

Deckmantel der Sterbehilfe (Euthanasie). Wehrlose Opfer des staatlichen Terrorapparats waren auch Homosexuelle, die als „asoziale Elemente" für ihr Menschsein mit dem Leben bezahlten. In Arbeits- und Vernichtungslagern, den Konzentrationslagern (KZ), wurden insbesondere Juden, aber auch Volksgruppen wie die Sinti und Roma ermordet. Die gnadenlose Verfolgung und Ermordung der europäischen Juden, der Holocaust, war ein einzigartiges Verbrechen.

Stalinismus

Bereits in den 1920er Jahren, also vor Entstehung des Nationalsozialismus, entstand in der Sowjetunion Josef Stalins ein totalitäres Regime. Der Grundstein wurde mit der sogenannten Oktoberrevolution vom November 1917 durch Lenin gelegt, der mit einer kommunistischen gewaltsamen Revolution die Ära der Zaren be-

endet und eine Terrorherrschaft initiiert hatte. Stalin forcierte nach dem Tod Lenins 1924 den Grad der Gewaltherrschaft.

Oberstes Staatsziel war ein mit planwirtschaftlichen Methoden erzielter wirtschaftlicher Fortschritt. Im Vergleich zum Nationalsozialismus übertraf unter der sowjetischen Herrschaft die Ausbeutung der Arbeitskraft des Einzelnen die Verfolgung Andersdenkender. In den berüchtigten Straflagern (Gulags) war Zwangsarbeit an der Tagungsordnung. Der Terror der „Geheimpolizei" überschattete zudem das Alltagsleben der breiten Bevölkerung. Bis zum Tod Stalins 1953 wurden Systemkritiker – auch wenn dies hochrangige Parteifunktionäre oder staatliche Führungskräfte waren – regelmäßig ermordet.

 Zu den Menschenrechten und Gesellschaftsbild in der Diktatur siehe die Arbeitsblätter 9 bis 13

2. Willensbildung und Freiheitsrechte

2.1. Willensbildung und Freiheitsrechte in der Demokratie

Kennzeichen demokratischer Wahlen

! Nach Art. 20 Abs. 2 GG geht alle Staatsgewalt vom Volk aus und wird vom Volk in Wahlen und Abstimmungen bestimmt. Dahinter steht der Gedanke, dass in der Demokratie die politische Führung durch die Bürgerinnen und Bürger als Souverän bestimmt wird und nicht durch eine übergeordnete Macht oder unabänderliche Gesetzmäßigkeit (wie bspw. in den Erbmonarchien der Feudalzeit, in der der Herrschaftsanspruch des Staatsoberhauptes auf eine göttliche Bestimmung zurückgeführt wurde). Mit dieser Wählbarkeit der Staatsführung müssen gleichzeitig auch zwei Anforderungen verbunden sein: die Verleihung von Macht nur auf Zeit durch die Festlegung von Wahlperioden und die immer

offen stehende Chance der unterlegenen Minderheit, zur Mehrheit und Führung von Morgen zu werden.

Das Beispiel der DDR zeigt, dass die Existenz von Wahlen noch nicht darauf hindeutet, dass diese immer nach diesen demokratischen Regeln ablaufen. So wurden in der DDR zwar Wahlen abgehalten, jedoch waren die Auswahlmöglichkeiten und die Wahlfreiheit der Wähler stark eingeschränkt, ein politischer Machtwechsel durch Wahlen war ausgeschlossen. Es handelte sich bei den Wahlen in der DDR um undemokratische Wahlen. Mitten im Niedergang des DDR-Regimes ließ die SED beispielsweise am 7. Mai 1989 die Kommunalwahl fälschen, wodurch die „Einheitsliste" trotz massiver Unzufriedenheit des Volkes ein Wahlergebnis von 98,77 Prozent erzielte.

Wahlen in der Bundesrepublik Deutschland lassen sich hingegen als demokratische Wahlen bezeichnen: Sie schränken weder die Auswahlmöglichkeiten noch die Wahlfreiheit der Wähler ein und ermöglichen einen politischen Machtwechsel. Letzteres zeigt sich besonders

Allgemeine, freie, gleiche und geheime Wahlen sind unverzichtbar in einer Demokratie – hier die Stimmabgabe bei der Bundestagswahl am 27. September 1998. Sie führte zu einem vollständigen Regierungs- und Machtwechsel.

deutlich bei der Bundestagswahl von 1998, die zu einem vollständigen Machtwechsel in Deutschland führte. So wurde die bis dahin amtierende CDU-CSU-FDP-Regierung mit Bundeskanzler Helmut Kohl von einer SPD-Bündnis90/Die Grünen-Regierung mit Bundeskanzler Gerhard Schröder abgelöst.

Wahlrechtsgrundsätze

Die Wahlen zum Deutschen Bundestag sind also nach Art. 38 Abs. 1 GG ...

→ **allgemein:** Das bedeutet, dass alle Bürger wahlberechtigt sind, welche die allgemeinen Voraussetzungen zur Wahl, zum Beispiel das erforderliche Wahlalter, erfüllen. Es darf also bspw. niemand wegen seines Geschlechts oder seiner Hautfarbe von der Wahl ausgeschlossen werden.

→ **unmittelbar:** Das bedeutet, dass die Wahl direkt und somit ohne Zwischeninstanzen erfolgt. Es dürfen also keine Wahlmänner gewählt werden, die dann das Parlament wählen.

→ **frei:** Das bedeutet, dass die Wahl ohne (staatlichen) Zwang oder Druck zu erfolgen hat. Es darf also niemand zu einer Wahl gezwungen bzw. wegen seiner Wahl benachteiligt oder gar bestraft werden.

→ **gleich:** Das bedeutet, dass alle Wahlberechtigten die gleiche Anzahl von Stimmen haben und diese Stimmen den gleichen Zählwert haben. Es darf also keine Stimme stärker gewichtet werden.

→ **geheim:** Das bedeutet, dass niemand erfährt, wie sich ein Wähler entschieden hat. Es darf also nicht nachvollziehbar sein, welche Partei oder welchen Kandidaten ein Wähler gewählt hat.

Gesetzliche Verankerung von Parteien

Die parlamentarischen Demokratien des heutigen Europa werden gemein als Parteiendemokratien, mitunter sogar als „Parteienstaaten" bezeichnet. Parteien übernehmen eine Mittlerrolle zwischen Bevölkerung und Regierung. Mit Parteiprogrammen bringen sie als „Sprachrohr des Volkes" die Interessen der Bevölkerung in den politischen Prozess ein. Damit können sie an der Willensbildung des „Volkes" entscheidend mitwirken. Die Bundesrepublik Deutschland gehört zu den wenigen Staaten, in denen diese Mitwirkung in der Verfassung (Art. 21 Abs. 1 GG) und in einem Parteiengesetz geregelt ist.

Personalrekrutierung und Besetzung öffentlicher Ämter

Wer sich politisch betätigen möchte, kommt an den politischen Parteien nicht vorbei (obwohl niemand gezwungen werden kann, einer Partei beizutreten). Indem sie den befähigten Bürger zur Übernahme öffentlicher Verantwortung heranführen und Kandidaten für die Besetzung von politischen Ämtern aufstellen, üben Parteien eine Rekrutierungsfunktion aus. Etablierte Parteien dringen in viele Lebensbereiche vor, in den öffentlich-rechtlichen Rundfunkanstalten (ohne dort in den Aufsichtsgremien über Mehrheiten zu verfügen), Kommunen oder Verwaltungen. Parteien an der Regierung sollen den Staat politisch leiten. Parteien, die sich in der Opposition befinden, üben Kritik an der Regierung und zeigen Alternativen auf. Sie sichern im demokratischen Wettbewerb die Änderbarkeit der politischen Gestaltungsvorgaben, zumal durch Wahlen politische Macht immer nur auf Zeit verliehen wird.

Grundsatz der Transparenz

Parteien müssen den Grundsatz der Transparenz einhalten und ihre Einnahmen offen legen. Die gesetzlichen Regelungen zur Parteienfinanzierung sollen die Abhängigkeiten der Parteien von Großspendern in Grenzen halten, ohne auf der anderen Seite eine finanzielle Unterstützung ihrer politischen Arbeit zu unterbinden. In autoritären Staaten, aber auch in Demokratien gibt es immer wieder den Versuch von sogenannten Oligarchen und Geschäftsleuten, über finanzierte oder gesponserte Parteien Einfluss zu „erkaufen".

Innerparteiliche Demokratie

Parteien sollen nach den Grundsätzen der innerparteilichen Demokratie dezentral organisiert sein, im krassen Gegensatz etwa zum sogenannten „Prinzip des demokratischen Zentralismus" in kommunistischen Parteien. Ungeachtet aller gesetzlichen Vorkehrungen sind die Möglichkeiten des einfachen Mitglieds teilweise unbefriedigend. Nicht alle Parteimitglieder bringen sich aktiv in das Geschehen ein („Karteileichen") und beteiligen sich gleichermaßen an Sach- und Personalentscheidungen; zudem erfordert eine Parteiendemokratie schnelles Handeln. Immer wieder kommt es zu Diskussionen, ob mehr Mitgliederentscheide Parteiführung und Basis näher zusammenbringen.

Verbände in der Bundesrepublik

Im Nationalsozialismus wurde das System organisierter Interessen zerschlagen bzw. „gleichgeschaltet". Nach dem Ende des Dritten Reichs kam es in der Bundesrepublik schnell zur Gründung von Verbänden. Die Übernahme öffentlicher Verantwortung entwickelte sich beispielsweise durch die Tarifautonomie. Diese umfasst das Recht der eigenständigen Regelung von Arbeits- und Wirtschaftsbedingungen durch Tarifverträge. Die Verbände des Arbeitsmarktes, d.h. die Gewerkschaften und die Arbeitgeber- und Unternehmerverbände, genießen hierbei das spezielle Recht, regelmäßig tarifliche Löhne, Gehälter und Arbeitsbedingungen festlegen zu können.

Verbände als „Vermittlungsinstanzen"

Den Weg vom Bürger zum Staat beschreiten die Verbände als „Vermittlungsinstanzen" neben Parteien und Bürgerinitiativen. Verbände sind Ausdruck von gesellschaftlicher Vielfalt und Volkssouveränität. Aber nicht jede Vereinigung ist automatisch eine Interessenorganisation. Der Kegelclub oder der Sportverein dient vor allem der gemeinsamen Betätigung der Mitglieder und tritt nur dann in die politische Öffentlichkeit, wenn es um staatliche Zuschüsse geht. Verbände hingegen haben gerade den Zweck, Interessen nach außen zu vertreten.

Vereinigungsfreiheit

Die Rechte von Verbänden sind abgesehen von der Vereinigungsfreiheit (Artikel 9 GG) nicht im Grundgesetz, sondern im Bürgerlichen Gesetzbuch (BGB) geregelt. Verbände bekommen Aufgaben vom Staat zugewiesen. Da er eine demokratisch offene Willensbildung will, wünscht er ausdrücklich, dass Verbände versuchen, ihre Interessen auch einzubringen und durchzusetzen. Um ihre Forderungen zur Geltung zu bringen, müssen sie möglichst früh auf den politischen Willensbildungsprozess einwirken, ihre Äußerungen (Artikulation) von Interessen bündeln (Aggregation), sie nach dem Grad ihrer Wichtigkeit auswählen

Die Möglichkeit, frei und ohne staatliche Repression für politische Forderungen demonstrieren zu können, ist Kennzeichen einer freien Gesellschaft. Das Bild zeigt die große Demonstration gegen die Nutzung der Atomkraft im Bonner Hofgarten am 14. Oktober 1979.

(Selektion) und sie in konkrete Verhandlungen einbringen (Integration).

etwa durch die globalisierungskritische Bewegung bemerkbar wird.

Verbände, Parteien und soziale Bewegungen

Anders als Parteien konzentrieren sich Verbände auf wenige Sachthemen. Parteien besetzen öffentliche Ämter und legitimieren sich durch Wählerstimmen. Verbände hingegen vertreten Mitgliederinteressen. Ebenso lassen sich soziale Bewegungen abgrenzen: Sie sehen ihr politisches Mittel meist im Protest (z.B. Demonstrationen) und verfügen über wenige unmittelbare Einflussmöglichkeiten auf die Politik. Allerdings haben sich in den 1970er und 1980er Jahren Neue Soziale Bewegungen in Vereinigungen organisiert und durch zivilgesellschaftliches Engagement von Bürgerinnen und Bürgern zunehmend Einfluss entfaltet – mit Themen wie Umweltschutz (Greenpeace), Gleichberechtigung (Terre des Femmes) oder Menschenrechtspolitik (Amnesty International). Mittlerweile spielt der technologische Wandel eine große Rolle, wie im parteipolitischen Bereich durch die Piratenpartei oder im Bewegungsbereich

Europäisierung

Parlament und Regierung auf nationaler Ebene haben nach wie vor die politische Entscheidungsverantwortung zu tragen. Allerdings nimmt der sogenannte Lobbyismus zu, ohne dass ein Verbändestaat entsteht. Der englische Begriff „Lobby" bezeichnet die Vor- oder Wanderhalle im Parlament (ursprünglich im britischen Unterhaus), wo sich die Abgeordneten mit Außenstehenden austauschen und mit ihnen verhandeln können. In der Praxis finden solche Austausche zwischen Lobbyisten und Parlamentariern regelmäßig statt. Eine neue Entwicklung zeigt sich durch die Europäisierung nationaler Politik. Viele Fragen, die beispielsweise deutsche Unternehmer unmittelbar betreffen, werden in Brüssel entschieden. Die dortige Gesetzgebung hat Einfluss auf alle Mitgliedstaaten der Europäischen Union. Viele Unternehmensverbände haben sich in den letzten Jahren eine Niederlassung, ein eigenes „Lobby-Büro" in Brüssel aufgebaut.

2.2. Willensbildung und Freiheitsrechte in der Diktatur

Führerprinzip und bedingungslose Unterwerfung

Im Nationalsozialismus trat die Geschlossenheit des „Volksganzen" an die Stelle einer demokratischen Basis. Der selbst ernannte Führer, Adolf Hitler, sprach von der „Auserwähltheit des deutschen Volkes", gepaart mit einer Blut-und-Boden-Ideologie als Verkörperung von Vaterlandstreue und Heimatliebe. Demnach sollte das als „Volksgemeinschaft" zusammengeschweißte deutsche Volk alleine in der Lage sein, Ehre und Macht nach innen und außen wiederzugewinnen. Es herrschte das Prinzip des Kampfes, das sich etwa gegen die jüdische Bevölkerung richtete.

Für das deutsche Volk bedeutete das die unbedingte Unterordnung des Einzelnen unter den Staat – nach den Schlagworten „Du bist nichts. Dein Volk ist alles" oder „Recht ist, was dem deutschen Volk nützt". Der einzelne Staatsbürger konnte daher keinen Schutz für sich beanspruchen. Im Gegenteil: Der „Volksgenosse" musste sein Leben dem Vaterland widmen, sich dem Willen des „Führers" unterwerfen, um den es einen Kult gab („Führerkult"). Das Führerprinzip war mit dem demokratischen Recht auf freie Meinungsäußerung nicht vereinbar.

NSDAP und Gleichschaltung

Unmittelbar nach ihrer Machtübernahme begann die Führung der Nationalsozialistischen Deutschen Arbeiterpartei (NSDAP) mit der Ausschaltung jener Organisationen, die sich ihrem Totalitätsanspruch zu widersetzen drohten. Eine Anpassung aller staatlichen und gesellschaftlichen Institutionen an die politisch-ideologischen Ziele der NSDAP sollte die pluralistische Vielfalt der Weimarer Republik ersetzen. Bei der Durchdringung des Staats, der Justiz und der Gesellschaft sowie bei der Etablierung ihres Herrschaftssystems bedienten sich die Nationalsozialisten vor allem der Gleichschaltung. Die Gleichschaltung beinhaltete administrative Maßnahmen ebenso wie brutalen Straßenterror. Aufgrund der „Reichstagsbrandverordnung" hatte das NS-Regime bei der Verfolgung von Oppositionellen freie Hand. Verschleppt und inhaftiert wurden vor allem Funktionäre der Kommunistischen Partei Deutschlands (KPD) und der Sozialdemokratischen Partei Deutschlands (SPD), aber auch des Zentrums. Vor der erdrückenden Übermacht und dem Terror der NSDAP resignierend, lösten sich sämtliche Parteien bis Anfang Juli 1933 selbst auf, nachdem die SPD am 22. Juni verboten worden war.

Die Errichtung des Einparteienstaats sowie die Verschmelzung der Ämter des Regierungschefs und Reichspräsidenten nach dem Tod des bisherigen Reichspräsidenten Paul von Hindenburgs am 2. August 1934 in der Person Adolf Hitlers vollendeten die „Einheit von Partei und Staat". Mit sofortiger Wirkung leistete die Reichswehr von nun an ihren militärischen Eid auf den „Führer und Reichskanzler" Hitler. Im Sommer 1934 war der Gleichschaltungsprozess durch Übernahme der wichtigsten Verbände in die Organisationsstruktur der NSDAP weit fortgeschritten. Die erzwungene und freiwillige Anpassung ermöglichte der

Adolf Hitler war der uneingeschränkte Führer im Nationalsozialismus. Hier spricht er in Berlin bei einer NS-Kundgebung am 1. Mai 1936 im Lustgarten, links und rechts flankiert von SA-Männer mit Standarten und Fahnen.

Die Volkskammer der DDR - hier bei einer Tagung am 18. Dezember 1987 - war kein freies, demokratisches Parlament. Durch den in der Verfassung verankerten Führungsanspruch der SED fand dort keine echte politische Einflussnahme des Parlaments statt. Dies änderte sich erst mit der am 18. März 1990 frei gewählten letzten Volkskammer der DDR.

Partei eine nahezu vollständige Kontrolle aller gesellschaftlichen Bereiche. Gleichgeschaltet waren neben Vereinen und Organisationen auch Presse, Film und Rundfunk, die als Mittel zur Beeinflussung eingesetzt wurden. In den beiden großen Kirchen stieß die rücksichtslose Gleichschaltung mit Beginn des „Kirchenkampfs" zum Teil allerdings auf ein erhebliches Widerstandspotenzial.

Kommunistische Parteien

Beim von der Sowjetunion maßgeblich gesteuerten „Aufbau des Sozialismus" galten feste programmatische Richtlinien. Das Monopol der kommunistischen Partei fand ihre ideologische Legitimierung darin, dass ihr die Führung der Arbeiterklasse obliegt. Lenin gab als Organisations- und Führungsprinzip den demokratischen Zentralismus aus. Damit waren die Parteien im kommunistischen Weltsystem streng hierarchisch diszipliniert. Die Minderheit musste sich der Mehrheit ebenso fügen wie die niedrigere Instanz der höheren.

Bereits während und direkt nach der Oktoberrevolution 1917 wurden die Mitglieder sämtlicher bürgerlichen Parteien in der Sowjetunion verfolgt, ihre Parteien und Presseorgane verboten. Auch in anderen kommunistischen Staaten vollzog sich die Durchsetzung des eigenen Machtanspruchs mit gleichen oder ähnlichen Mitteln: Wer sich dem revolutionären Umbruch und dem Diktat der Kommunistischen Partei (KP) verweigerte, wurde brutal verfolgt, inhaftiert und zahlte seinen Widerstand oft mit dem Leben. Die politische Betätigung war nur im Rahmen der

KP und ihren gelenkten Organisationen möglich. Abweichende Meinungen wurden als konterrevolutionär streng verfolgt.

SED-Staat

Die DDR war ein SED-Staat, ein verkapptes Ein-Parteiensystem. Die Sozialistische Einheitspartei Deutschlands (SED) war eine in der sowjetischen Besatzungszone Deutschlands aus der Zwangsvereinigung von KPD und SPD 1946 hervorgegangene politische Partei, die sich zur „Partei neuen Typs" erkor. Das Prinzip des „demokratischen Sozialismus" war im Parteistatus geregelt, ebenso strenge Disziplinierungsmaßnahmen bei Verstoß gegen die Parteiräson. Der Zusammenschluss und die anschließende Entwicklung zur marxistisch-leninistischen Kaderpartei und zur alleinregierenden Staatspartei der 1949 gegründeten DDR erfolgten unter Einflussnahme der sowjetischen Besatzungsmacht.

Aufgrund der Tatsache, dass in der DDR bis 1990 die SED gesetzmäßig allein regierte, und durch die umfassende Durchdringung der Organe aller drei Gewalten (Legislative, Exekutive und Judikative) mit SED-Nomenklaturkadern war das politische System der DDR eine Ein-Parteien-Herrschaft, die bis zum Systemumbruch Bestand hatte. Die SED-Führungsposition war in der Nationalen Front zementiert, der Verbindung aller Parteien und Massenorganisationen. Durch die Wahl auf Einheitslisten sicherte sich die Staatsmacht ab, zumal die Gründung neuer Parteien verboten war.

3. Rechtsstaatlichkeit

3.1. Rechtsstaat Bundesrepublik

In der Bundesrepublik Deutschland gilt das Rechtsstaatsprinzip als Verfassungsgrundsatz (Art. 20 Abs. 3 GG). Die gesamte Staatsgewalt ist an diesen Grundsatz gebunden. Das Rechtsstaatsprinzip bedeutet, dass der Staat hinter das Recht tritt und damit die Staatsgewalt eingeschränkt ist. Zum einen haben die Grundrechte vorstaatlichen, mitunter staatsfreien Charakter. Der Bürger hat ein Abwehrrecht gegenüber dem Staat und kann staatliches Handeln, das ihn trifft, rechtlich überprüfen lassen. Zum anderen sind der Staat und seine Verwaltung selbst an Recht und Gesetz gebunden. Er muss schon im Vorfeld sein Handeln an der Gesetzmäßigkeit ausrichten und muss sich gegebenenfalls auch einer rechtlichen Überprüfung durch unabhängige Gerichte stellen. Dies gilt auch für Entscheidungen der Verfassungsorgane. So können politische Entscheidungen durch das Bundesverfassungsgericht überprüft und revidiert werden. Und jeder Einzelne hat das Recht, bis zum Bundesverfassungsgericht zu klagen, wenn er sich in seinen Grundrechten verletzt sieht.

 Die Rechtsbindung aller staatlichen Gewalt, die Möglichkeit des Rechtsweges für jeden und die Unabhängigkeit der Gerichtsbarkeit sind die elementaren Bedingungen für den Bestand der freiheitlich-demokratischen Grundordnung. Ohne diese rechtsstaatliche Absicherung würde die freiheitliche Verfassung mit ihren Grundrechten ins Leere greifen.

Wesenselemente für einen Rechtsstaat sind:

→ die Gewaltenteilung der drei Staatsgewalten Gesetzgebung, Verwaltung und Rechtsprechung und die Unabhängigkeit der Gerichtsbarkeit,

→ die Rechtsbindung aller staatlichen Gewalt,

→ die Existenz von Grund- und Menschenrechten als Abwehrrechte gegenüber dem Staat und

→ die Rechtsweggarantie.

Wandel in der Rechtspolitik

Im Politikfeld „Recht" gibt es immer wieder einen Wandel, der die Bevölkerung auch in der Rechtspolitik für den Staat gewinnen soll. So sollte bspw. das Strafrecht ab den 1970er Jahren nicht mehr dazu dienen, moralisch „richtiges" Verhalten durchzusetzen, sondern vielmehr sozialschädliches Verhalten zu ahnden bzw. diesem vorzubeugen. Deswegen wurden von 1969 an (nach dem Wahlsieg der sozialliberalen Koalition) Reformen auf den Weg gebracht. Insbesondere das Strafrecht veränderte sich und wurde stärker an den Grundsätzen der Vorbeugung von Straftaten und Resozialisierung des Straftäters ausgerichtet (relative Straftheorie).

Die zwei Formen von Straftheorien:

→ die absolute Straftheorie: Vergeltung und Sühne bilden die zentralen Strafzwecke. Die Strafe soll die Schuld, die ein Täter auf sich geladen hat, durch ein ihm zugefügtes Übel ausgleichen. Ziel der Strafe ist es weiterhin, die durch eine Straftat verletzte Rechtsordnung wiederherzustellen. Die absolute Straftheorie bildete über Jahrhunderte hinweg die Grundlage für die Bestrafung von Missetätern. Sie wurde in den 1970er Jahren abgelöst durch

→ die relative Straftheorie: Der zentrale Strafzweck ist Vorbeugung. Dem Täter soll durch eine Strafe das von ihm begangene Unrecht bewusst gemacht werden. Dadurch soll er wieder in die Gesellschaft eingegliedert werden (Resozialisierung) und sich künftig rechtskonform verhalten können.

Änderung des Sanktionssystems

Grundlegend für die angestrebte Präventionswirkung des Strafrechts war die Änderung des Sanktionssystems. Zugunsten einer einheitlichen „Freiheitsstrafe" wurde auf die Unterscheidung zwischen „Gefängnis",

„Zuchthaus" und „Haft" verzichtet. Bei der Ahndung einer Strafe sollte die Wirkung der Strafe auf das künftige Leben des Täters berücksichtigt werden. In diesem Sinne werden kurze Haftstrafen (unter einem halben Jahr) zugunsten von Gefängnisstrafen nur noch in Ausnahmefällen verhängt. Die Möglichkeiten zur Aussetzung der Strafe auf Bewährung wurden ebenso erweitert wie die zu einer bedingten Entlassung. Geldstrafen wurden auf das Tagesbußensystem umgestellt, das es ermöglicht, die Strafe durch Tagessätze an die wirtschaftlichen Verhältnisse des Angeklagten anzupassen.

Familienrecht

Besonders das Familienrecht wurde dem Geist der Zeit angepasst. Bis 1977 war das Scheidungsrecht noch stark von der katholischen Ehe-Ethik beeinflusst. Entsprechend galt das Schuldprinzip: Wer für das Scheitern einer Ehe verantwortlich war und damit moralisch gefehlt hatte, wurde bestraft. Im heutigen Scheidungsrecht gilt das Zerrüttungsprinzip; es wird nicht mehr nach einem „Schuldigen" gesucht. Damit wird dem Selbstbestimmungsrecht des Individuums Rechnung getragen. Der Staat hat bei einer Scheidung heute nur noch die Aufgabe, die Verantwortung des wirtschaftlich stärkeren Partners für seinen geschiedenen Partner und die aus einer Ehe hervorgegangenen Kinder durch die Feststellung der zu leistenden Unterstützung festzustellen, um damit sozialschädlichem Verhalten vorzubeugen.

Der Geburtenrückgang in Deutschland, wachsende Scheidungsraten sowie die Vielzahl nichtehelicher Lebensgemeinschaften zeugen nicht nur von der Wichtigkeit derartiger Reformen, sondern auch von politischen Konsequenzen, da der Staat nach Art. 6 GG zu einer Familienpolitik verpflichtet ist. Ein Beispiel liefert die Diskussion um die Aufwertung gleichgeschlechtlicher Lebensgemeinschaften bis hin zur vollen Gleichstellung mit der Familie im Sinne des Grundgesetzes. Nach dem traditionellen Verständnis zielen Ehe und Familie auf die Verwirklichung des „Kinderwunsches". Der Familienbegriff hat sich in den zurückliegenden Jahren aber gewandelt und wurde geöffnet.

Sexualstrafrecht

Homosexualität war im Sexualstrafrecht bis zum Jahr 1969 ein Straftatbestand. Besonders in diesem Bereich zeigt sich eine schrittweise Anpassung an den Wertewandel im positiven Recht. 2001 schließlich wurde das „Gesetz über die eingetragene Lebenspartnerschaft" beschlossen, das homosexuellen Partnern in vielen Bereichen einen eheähnlichen Rechtsstatus garantiert, zum Beispiel die Verpflichtung zum lebenspartnerschaftlichen Unterhalt oder das Recht, einen gemeinsamen Familiennamen zu führen.

Die Novelle des Scheidungsrechts oder die rechtliche Gleichstellung homosexueller Paare haben den Rechtsstatus der Bürgerinnen und Bürger verbessert.

3.2. Die DDR als Unrechtsstaat

Als Wesenselemente für einen Rechtsstaat kennen wir die Gewaltenteilung, die Unabhängigkeit der Gerichtsbarkeit und die Existenz von Grund- und Menschenrechte als Abwehrrechte gegenüber dem Staat. Misst man die DDR an diesen Kriterien, kann wegen des Fehlens von Abwehrrechten gegenüber dem Staat, eines Vakuums in der Gewaltenteilung und einer nur sehr brüchigen Rechtsweggarantie nicht von einem Rechtsstaat gesprochen werden.

Die Verfassung der Deutschen Demokratischen Republik vom 9. April 1968 beinhaltet in den Artikeln 19 bis 40 einen vom Umfang her weit größeren Katalog von Grundrechten, als er durch das Grundgesetz der Bundesrepublik gewährt wurde. Der Grundrechtskatalog wurde von den Staatsorganen jedoch willkürlich ausgelegt. Der Grundrechteschutz war ebenso eine leere Hülle wie die Wahlfreiheit, die nur auf dem Papier bestand. Das in Demokratien fundamentale Grundrecht auf Freiheit der Meinungsäußerung, welches formal durch Art. 27 Abs. 1 Satz 1 der DDR-Verfassung gewährt wurde, durfte in der Öffentlichkeit nicht praktiziert werden. Das Spitzelwesen, ausgehend vom Ministerium für Staatssicherheit, sorgte dafür, dass staats- und parteikritische Äußerungen nicht nur geahndet wurden. Unbedachte Äußerungen selbst im Freundes- oder Bekanntenkreis oder im Beruf konnten drastische Konsequenzen haben.

Das gemäß Artikel 31 Absatz 1 „unverletzbare" Post- und Fernmeldegeheimnis konnte niemand mehr ernst nehmen, der seine Weihnachtswestpakete, wenn überhaupt, Monate später oder in wesentlich entleertem Umfang erhalten hatte. Das den Bürgern der DDR gewährte Grundrecht auf Bildung aus Artikel 25 Absatz 1 Satz 1, das jedem Bürger „das gleiche Recht auf Bildung" gewährte, sprach denjenigen Hohn, die auf eine Mitgliedschaft in der SED oder einer der Blockparteien verzichteten und dadurch ihre Studienwünsche ad acta legen mussten. Politische Häftlinge

waren dem Staat wehrlos ausgeliefert und ein Schießbefehl sicherte eine schier unüberwindliche Grenze zum Klassenfeind. Nach dieser erlebten Rechtswirklichkeit war die DDR nicht nur in den Augen derjenigen Bürger, die auf Einhaltung der in der DDR-Verfassung verbrieften Grundrechte vergeblich pochten, ein Unrechtsstaat.

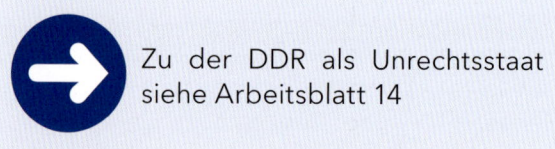

Zu der DDR als Unrechtsstaat siehe Arbeitsblatt 14

4. Jugend und Erziehung

4.1. Engagement in der Demokratie

Im Unterschied zu Diktaturen beruht das ehrenamtliche Tätigsein in Demokratien auf Freiwilligkeit. Gerade Vereine können schichtenübergreifend die Integration von Gruppen fördern und helfen, Vorurteile abzubauen sowie maßgeblich die Jugend einbinden. Auch Nichtmitgliedern bietet der Verein mit seinen Veranstaltungen die Möglichkeit zur Identifikation. Im Nationalsozialismus erlag beispielsweise das Vereinsleben der Freiwilligen Feuerwehren fast vollständig. Die Machthaber lösten 1938 viele Feuerwehrvereine auf und wandelten sie per Gesetz in Pflichtfeuerwehren um. Ab dem 1. September 1942 unterstanden die Löscheinheiten der Polizei. Andere Organisationen wie Pfadfinder und Schützenvereine wurden spätestens 1939 aufgelöst.

In den Jahren 1945 bis 1960 gründeten sich diese Vereine in der Bundesrepublik wieder. Zeiten des Umbruchs wie nach dem Zweiten Weltkrieg machten Vereine besonders erfolgreich, da durch sie neuer gesellschaftlicher Zusammenhalt aufgebaut wurde. So gelang die Eingliederung der vielen Vertriebenen und

Flüchtlinge nach 1945 auch durch Vereine. Anfang der 1950er Jahre gab es eine regelrechte Welle an Neugründungen. Neue Vereinsarten wie Tennisclubs, Wander-, Schach- und Kegelvereine oder mittlerweile Golfclubs kamen hinzu und drückten die allmähliche Normalisierung der Lebensverhältnisse aus.

Vereinigungsfreiheit

Vereine beruhen auf freiwilligen Zusammenkünften. Im Grundgesetz ist dieses Recht in Artikel 9 („Vereinigungsfreiheit") festgeschrieben. Im Unterschied zu Verbänden sind Vereine nicht im beruflichen und engeren politischen Bereich, sondern meist im Freizeitbereich angesiedelt. Im Unterschied zu Zusammenschlüssen in Diktaturen unterstehen sie keiner politischen Doktrin. Viele sind „eingetragene Vereine" (kurz e.V.), etwa Sportvereine oder Bürgerinitiativen, die sich zu einem bestimmten Zweck gründen. Der Verein erlangt als „juristische Person" seine sogenannte Rechtsfähigkeit, indem er in das Vereinsregister amtlich eingetragen wird. Besondere Bedeutung kommt den Vereinen in kleinen kommunalen Einheiten zu. Auch die Mitgliedschaft in Parteien fällt im weiteren

Sinne unter „Vereinsarbeit". Durch kleinere Einheiten bietet die Partei ähnlich wie der Verein Anreize zur Mitgliedschaft und damit zur Freizeitgestaltung des Bürgers. Der Bürger kann sich in Parteien politisch verwirklichen, Geselligkeit vorfinden und soziale Kontakte knüpfen.

Teilnahme und Verantwortung

Mit ehrenamtlichem Engagement verbinden sich grundsätzlich die aktive (aber freiwillige) Teilnahme an der Gesellschaft und die bewusste Übernahme von Verantwortung. Menschen engagieren sich in der Jugendarbeit, beim Sport, in Kirchen und Religionsgemeinschaften, im Gesundheits- und Sozialwesen, beim Technischen Hilfswerk (THW) und der Freiwilligen Feuerwehr oder im Umwelt- und Naturschutz. Auch das Freiwillige Soziale oder Freiwillige Ökologische Jahr gilt in diesem Sinne als ehrenamtliches Engagement. Zweckgebundene Initiativen setzen sich zur Schulerhaltung oder zur Unterstützung von Jugendheimen ein. Zwischen der Erwerbsarbeit und dem ehrenamtlichen

Engagement gibt es aber meist eine klare Grenze. Nicht zum Ehrenamt und zur sozialen Hilfe zählen beispielsweise die reine Teilnahme an öffentlichen Veranstaltungen oder Besuch einer Selbsthilfegruppe.

Ehrenamt im Wandel der Zeit

Dabei lässt sich ein deutlicher Anstieg ehrenamtlich Engagierter feststellen: In den 1960er Jahren ging man von einem Anteil von fünf Prozent oder 2,5 Mio. Ehrenamtlicher in Westdeutschland aus. Heute sprechen Experten von einer Verfünffachung dieser Zahl. Die Ursachen für ehrenamtliches Engagement haben sich verändert. Dominierte in den 1950 und 60er Jahren das Pflichtgefühl, wuchs seit den 70er Jahren auch die Suche nach persönlicher Erfüllung. Das Erleben, die Emanzipation und das eigene Streben nach Glück fanden bis in die 80er Jahre hinein Einkehr in die Gesellschaft. Die Beteiligung an Demonstrationen oder Unterschriftensammlungen nahm zu. Durch ein neues Umweltbewusstsein entstanden Bürgerinitiativen, beispielsweise gegen Kernkraft. Die Möglichkeiten der neuen

Mitarbeiter des THW helfen beim Oder-Hochwasser im Juli 1997 und entladen technische Geräte zur Wasserwiederaufbereitung von einem LKW – eine unverzichtbare Hilfe für die Betroffenen und Zeichen bürgerschaftlichen Engagements.

Technologien – Internet wie soziale Netzwerke – sorgen für unkonventionelle Formen von Aktivitäten, auch des Protests.

Motive für bürgerschaftliches Engagement

Die Motive für bürgerschaftliches Engagement sind mit der Betonung der Selbsterfüllung vielfältiger geworden: Selbstverwirklichung, Teilnahme und Mitbestimmung, Gemeinwohlorientierung und Pflichterfüllung, Kommunikation und soziale Integration oder die Bewältigung eigener Probleme. Ehrenamt und Selbstverwirklichung sind heute also zwei Seiten ein und derselben Medaille und keine sich ausschließenden Prinzipien. Oftmals lautet die Motivation daher: Der Mensch setzt sich für andere ein, um auch selbst ein erfüllteres Leben zu haben.

→ Zum Engagement in der Demokratie siehe die Arbeitsblätter 15 und 16

4.2. Engagement in der Diktatur

 In Diktaturen wird die Jugend im Sinne der Ideologie erfasst, also ideologisch „eingenordet". Das Kollektiv, d.h. die Gemeinschaft der unter der politischen Herrschaft zusammengefassten Bürgerinnen und Bürger, hat dabei höchste Priorität. Dogmatische Herrschaftsstrukturen dringen tief in den Alltag ein, da der diktatorische Staat versucht, die Privatsphäre systematisch auszuschalten oder zumindest in herrschaftserhaltendem Sinn zu prägen. Der Einzelne hat sich dem Diktat der Staatsführung unterzuordnen. Nach dem von Napoleon überlieferten Zitat: „Wer die Jugend hat, hat die Zukunft", versuchen totalitäre und autoritäre Diktaturen dabei insbesondere schon Kinder und Jugendliche für ihr Regime einzunehmen und ihr Engagement in die ideologisch vorgegebenen Bahnen zu lenken.

Jugend im Nationalsozialismus

Der Nationalsozialismus sah einen organisierten Lebensplan für die männliche und weibliche Bevölkerung vor, der als beständige Vorgabe den „gleichgeschalteten", in Massenorganisationen erfassten Staatsbürger vorsah. Der Zyklus begann bereits mit zehn Jahren, beim Jungvolk bzw. bei den Jungmädeln, mit 14 Jahren bei der „Hitlerjugend" und beim „Bund Deutscher Mädel", dann beim Arbeits- und Wehrdienst bzw. beim Arbeitsdienst. Später sah der Plan den Mann als Soldat im Krieg als Element beim Streben nach Weltherrschaft und die Frau „als Erhalterin des deutschen Volkes", d.h. als Mutter und Hausfrau.

Die nationalsozialistische Erziehung sah vor, die sogenannte „arische" Jugend zu „rassebewussten Volksgenossen" zu formen und sie zu überzeugten Nationalsozialisten zu formen. Es gab ein Erziehungsmonopol: Alle anderen Jugendorganisationen außerhalb der Gliederung der NSDAP wurden verboten. Die Lehrbücher für alle Unterrichtsfächer wurden entsprechend der nationalsozialistischen Weltanschauung bearbeitet. Dementsprechend gab es einen festen Feierzyklus, mit Gedanken an zweckentfremdete oder nationalgesinnte deutsche Dichter und Denker und Aufmärsche, etwa zum 1. Mai, der zum „Feiertag der nationalen Arbeit" umgedeutet wurde.

Ein besonderes Augenmerk galt der Kaderschmiede und Eliteschmiede. Es entstanden nach 1933 „Gemeinschaftserziehungsstätten", sogenannte „Nationalpolitischen Erziehungsanstalten" (amtlich: NPEA, auch: Napola – „Nationalpolitische Lehranstalt") als Internatsoberschulen. 1941 gab es im Deutschen Reich 30 NPEA mit insgesamt 6.000 Schülern. Die Schüler sollten die kommende Führungsschicht Deutschlands bilden. Die Jugend wurde nicht nur mit Zwangserfassung und Elitenbildung für den Nationalsozialismus begeistert. Der Nationalsozialismus setzte auf Gemeinschaftserlebnisse. Geländespiele, La-

Die Hitler-Jugend war die Jugendorganisation in der NS-Diktatur. In ihr sollten Befehl und Gehorsam, Kameradschaft, Disziplin und Selbstaufopferung für die „Volksgemeinschaft" eingeübt werden. Ihre Aufmärsche waren auch Teil der politischen Inszenierung, wie hier zu den Parteitagen der NSDAP in Nürnberg.

gerfeuer und militaristisches Denken sollten die Jugendlichen binden und nachhaltig auf sie einwirken.

Jugend in der DDR

Die DDR sah im „Grundrechte und Grundpflichtenkatalog" vor, dass die Jugend alle Möglichkeiten habe, „an der sozialistischen Gesellschaftsordnung verantwortungsbewusst teilzunehmen" (Art. 20 Abs. 3 DDR-Verfassung). Die prägenden Aktivitätsformen Jugendlicher in 40 Jahren DDR waren dabei durchaus einem Wandel unterworfen: Es gab eine aktive Beteiligung am Aufbau des zunächst totalitären Kommunismus in Nachkriegszeit und Gründungsphase; ebenso

anhaltendes Mitmachen bei der weiteren Gestaltung der sozialistischen Gesellschaft trotz vieler Warnzeichen und punktueller Zweifel an der Legitimität der SED-Herrschaft. In Kinder- und Jugendorganisationen, den „Jungen Pionieren" und der „Freien Deutschen Jugend", wurde schon früh eine ideologische Prägung und Indoktrination versucht. Durch die Förderung des Gemeinschaftsgefühls und Motivationsanreize, wie Auszeichnungen, gemeinsame Ausflüge, Freizeitaktivitäten u.a., sollten die Kinder und Jugendlichen an die Idee des Sozialismus, vor allem aber an die Vormachtstellung der SED-Führung gewöhnt werden. Auch die Schule und – in zum Teil besonders unmenschlicher Form – staatliche Erziehungseinrichtungen (Heime, Jugendwerkhöfe) erfüllten das Ziel, die Kinder zu „sozialistischen Persönlichkeiten" zu formen.

Die politische Sozialisation der Jugendgenerationen der DDR wurde in starkem Maße durch Krisenerfahrungen geprägt, etwa durch den gescheiterten Arbeiteraufstand vom 17 Juni 1953 und durch den Bau der Mauer am 13. August 1961. In der DDR war die Jugend eine zentrale Größe gesellschaftlicher Planung. Die SED hat von Beginn ihrer Machtübernahme an auf die Jugend als Träger des Aufbaus einer neuen Gesellschaft gesetzt, was ihr aber im Laufe der Zeit immer schlechter gelang.

In den 1970er Jahren entstand eine neue Jugendgeneration. Bei vielen von ihnen war eine schrittweise Distanzierung vom „real existierenden Sozialismus" zu beobachten, auch dadurch, dass etwa über das Fernsehen und Verwandte der Blick nach Westen zum „Klassenfeind" nie ganz versperrt werden konnte. Ende der 70er Jahre stagnierte die Haltung vieler Jugendlicher zu den angeblichen Idealen der sozialistischen Gesellschaft nachdrücklich: Die Identifikation mit dem Staat und seiner Ideologie schwand, die Einstellung zur SED und zur Sowjetunion sowie zur historischen Perspektive des Sozialismus ebenso. Nicht mehr die systemfreundlichen Strömungen stellten die prägende Generationseinheit, sondern jene Jugendlichen, die der DDR kritisch-distanziert bis ablehnend gegenüberstanden. So machte (auch und gerade) die Jugend der DDR den Weg für die demokratische Revolution vom Herbst 1989 frei.

Auch in der DDR war die Kindheit und Jugend durchorganisiert und wurde politisch instrumentalisiert. Hier wurde der Staatsratsvorsitzende Walter Ulbricht nach seiner Stimmabgabe in einem Berliner Wahllokal im März 1970 von „Jungen Pionieren" verabschiedet.

Weniger als Demonstranten – der Kern der Leipziger Montagsdemonstranten war mit 25 bis 55 Jahren jenseits des Jugendalters –, sondern als Fluchtwillige. Das Durchschnitts-alter der 225.233 Flüchtlinge und Über-siedler, die 1989 bis zum Fall der Mauer aus der DDR in den Westen gingen, lag bei 23,5 Jahren.

5. Medien und Kultur

5.1. Medien in der Demokratie

Funktionen

In der Demokratie gibt es einen bunten Strauß an Medienangeboten, die von der Nachrichten orientierten Tagesschau bis zur Verbreitung von Klatsch und Tratsch via Boulevard reichen. Diese Meinungs- und Medienvielfalt ist in der Bundesrepublik durch das Grundrecht der Presse- und Rundfunkfreiheit geschützt (Art. 5 GG). Es schützt die Herstellung und Verbreitung der Medien generell gegen staatliche Eingriffe und vor allem gegen solche, die sie an der Wahrnehmung ihrer öffentlichen Aufgabe hindern würden.

Art. 5 GG

(1) Jeder hat das Recht, seine Meinung in Wort, Schrift und Bild frei zu äußern und zu verbreiten und sich aus allgemein zugänglichen Quellen ungehindert zu unterrichten. Die Pressefreiheit und die Freiheit der Berichterstattung durch Rundfunk und Film werden gewährleistet. Eine Zensur findet nicht statt.

(2) Diese Rechte finden ihre Schranken in den Vorschriften der allgemeinen Gesetze, den gesetzlichen Bestimmungen zum Schutze der Jugend und in dem Recht der persönlichen Ehre.

(3) Kunst und Wissenschaft, Forschung und Lehre sind frei. Die Freiheit der Lehre entbindet nicht von der Treue zur Verfassung.

Ihre für die Demokratie lebenswichtige, öffentliche Aufgabe erfüllen die Medien dadurch, dass sie an der freien, individuellen und öffentlichen Meinungsbildung mitwirken: Sie verbreiten Nachrichten und Informationen, berichten und hinterfragen die Erklärungen von Regierung und Parteien genauso, wie die von wirtschaftlichen und gesellschaftlichen Institutionen. Sie decken Missstände auf und klären über wichtige politische und gesellschaftliche Zusammenhänge auf.

 Den Kern der öffentlichen Aufgabe bildet gerade die Mitwirkung der Medien an der politischen Meinungsbildung. Um dieser Aufgabe willen stellen freie Medien einen unverzichtbaren Bestandteil jeder freiheitlichen Demokratie dar. Das Funktionieren einer Demokratie, in der alle Staatsgewalt vom Volke ausgeht (Art. 20 Abs. 2 GG), setzt voraus, dass die Bürgerinnen und Bürger über die Informationen verfügen, die sie benötigen, um sich auf rationale Weise eine eigene Meinung zu allen politischen Fragen bilden zu können. Diese Informationen können sie zum größten Teil nur aus den Medien beziehen.

Tabubruch und Beschleunigung

Die Meinungsbildung geschieht nicht nur durch Berichte und Kommentare in Zeitungen oder eine Nachrichtensendung im Fernsehen. Auch Fernsehserien oder Spielfilme transportieren politische Botschaften und wirken an der Bildung oder Veränderung der öffentlichen Meinung mit. In Deutschland ist beispielsweise die ARD-Fernsehserie „Lindenstraße" bekannt dafür, immer wieder gesellschaftliche Tabuthemen, wie die Behandlung HIV-Infizierter, aufgegriffen und thematisiert zu haben. Auch der Politikvermittlungsprozess läuft über die Medien ab. Die ausufernde Rolle der Medien („Mediendemokratie"), die sich durch die Möglichkeiten moderner Technologien und etwa der sozialen Medien verstärkt („beschleunigte Demokratie in Echtzeit"), sorgt auch für Kritik – etwa wenn Medien ihre kritische Funktion nicht in ausreichender Weise wahrnehmen, zu sehr vereinfachen oder kampagnenmäßig und schaulustig gerade über einzelne Politiker berichten.

Medienpolitik auch als Kulturpolitik

Medien werden auch als kulturelle Instrumente verstanden. Ihr Stellenwert ist also unabhängig von ökonomischen Effizienzkritierien zu betrachten, als essentiellen Wert für die Zivilgesellschaft. Hier trägt der Staat die Verantwortung für die Schaffung der rechtlichen und vor allem auch finanziellen Rahmenbedingungen. Das Ziel ist eine pluralistische Informationsgesellschaft mit lokaler Verankerung, uneingeschränkter Meinungsfreiheit und künstlerischen und kulturellen Inhalten in freien wie nicht-kommerziellen Medien.

Kunst und Wissenschaft als Ausdruck von Freiheit

Auch die Freiheit von Wissenschaft und Kunst, von Forschung und Lehre (Art. 5 Abs. 3 GG] ist ein konstitutiver Bestandteil einer offenen, demokratischen Gesellschaft. Gesellschaftliche Probleme und existentielle Fragen müssen ebenso erörtert und erforscht, wie auch in Kunst und Kultur thematisiert werden können. Dies ist Ausdruck der geistigen Freiheit des Einzelnen und der Offenheit einer Gesellschaft. Die Freiheit der Wissenschaft ermöglicht jedem Einzelnen und der Allgemeinheit einen steten Erkenntnisgewinn und einen offenen Wettbewerb der Ideen. Auch die Literatur, die Musik und Kunst oder das Theater sind neben ihrem künstlerischen und unterhaltenden Wert Ausdruck einer lebendigen Auseinandersetzung mit der Welt im Allgemeinen und der Gemeinschaft im Besonderen. In der Lenkung von Wissenschaft und Kultur in der Diktatur zeigt sich, dass autoritäre oder totalitäre Machthaber die Sprengkraft einer unabhängigen, kritischen Kulturszene fürchten. Intellektuelle Dissidenten aus Kultur und Wissenschaft prägten in der Geschichte oft genug das Gesicht der Opposition in Diktaturen und gaben dem Unwillen und Widerstand der Bevölkerung eine Sprache. In der freiheitlichen Demokratie sind dagegen grundsätzlich auch Tabubrüche der Kunst erlaubt, so lange sie nicht gegen allgemeine Gesetze verstoßen oder jugendgefährdend und ehrverletzend sind.

5.2. Medien und Kultur in der Diktatur

! In einer Diktatur kann es keinen freien Meinungspluralismus geben. Die herrschende Macht versucht, mit Propaganda den Wettbewerb an Ideen in ihre Bahnen zu lenken. Viel zu groß wäre die Gefahr, dass die eigene ideologische Legitimationsbasis der Staatsführung durch einen offenen Diskurs, durch andere Einschätzungen und Argumente untergraben wird.Die Lenkung von Medien, Wissenschaft und Kultur - ob Rundfunk oder Zeitungen, ob Forschung und Lehre, ob Literatur, Theater oder Musik - gehört daher zu den wesentlichen Bestandssicherungen einer diktatorischen Herrschaft.

Auch wenn die Freiheit des Geistes am Ende nicht ganz unterbunden werden kann, wie die Beispiele mutiger Männer und Frauen aus dem Widerstand zeigen, so offenbart sich gerade in diesen gesellschaftlichen Feldern, wie stark eine Diktatur ihren Machtanspruch durchzusetzen vermag.

Totalitäre Regime haben dabei einen höheren Grad und Absolutheitsanspruch bei der Durchsetzung ihrer Ideologie und Gesellschaftsordnung, autoritäre Regime ermöglichen einen mehr oder weniger offenen, unpolitischen Bereich der Lebensgestaltung. Zum eigenen Machterhalt umfasst diese Offenheit aber in der Diktatur ausdrücklich nie die politische Betätigung und Meinungsfreiheit.

Propaganda im Nationalsozialismus

Im Nationalsozialismus wurde durch bestimmte Rituale eine pseudoreligiöse Form des politischen Massenkults geschaffen. Dieser Kult sollte im Kollektiv emotionalisieren. Durch Kundgebungen, Fackelzüge, Fahnenappelle, Massenaufmärsche und Feierstunden gelang es der NSDAP, das verbreitete Bedürfnis nach Identität und sozialer Gemeinschaft geschickt zu bedienen und für politische Zwecke zu instrumentalisieren. Der totalitäre Anspruch zeigte sich in der Ritualisierung eines eigenen Feierkalenders mit stetig wiederkehrenden Gedenktagen, etwa die „Machtergreifung" (30. Januar), Parteigründungstag (24. Februar), Hitlers Geburtstag (20. April), den „Tag der nationalen Arbeit" (1. Mai) oder der „Marsch zur Feldherrnhalle" (9. November), letzterer idealisierend „erinnernd" an den damals noch kläglich gescheiterten Hitlerputsch von 1923 in München.

Die Propaganda des Nationalsozialismus setzte auf neue technischen Massenmedien, insbesondere Film und Rundfunk. Bereits am fünften Tag nach der nationalsozialistischen Machtübernahme startete die Gleichschaltung der Presse und endete am 1. Januar 1934 mit dem Inkrafttreten des Schriftleitergesetzes und einem vom Staat gelenkten Nachrichtenbüro. Am 13. März 1933 wurde das „Reichsministerium für Volksaufklärung und Propaganda" (RMVP) unter der Führung von Joseph Goebbels errichtet. Alle Anweisungen für die deutsche Presse liefen vom RMVP aus. Die Zeitungen waren verpflichtet, an Presse-

Auch auf dem Opernplatz, Unter den Linden, in Berlin wurden - wie an vielen anderen Orten - am 10. Mai 1933 von den Nationalsozialisten sogenannte „undeutsche Schriften und Bücher" verbrannt.

Gelenkte Medien: Der Staatsratsvorsitzende Walter Ulbricht beim Sonntagsgespräch des Deutschlandsenders am 1. August 1965, das auch vom Deutschen Fernsehfunk übertragen wurde. Kritischen Fragen musste er sich - wie immer - nicht stellen.

konferenzen der Reichsregierung teilzunehmen. Inhalt („Was") und die Art und Weise der Darstellung („Wie") wurden strikt vorgegeben. Die öffentliche Meinung war damit, wie auch die gesellschaftlichen Organisationen gleichgeschaltet. Eine abweichende Sichtweise oder Meinung, unliebsame Nachrichten oder Kritik fanden keinen Eingang mehr in die Medien.

Kurz nach der Machterlangung der Nationalsozialisten 1933 kam es im März außerdem im Zuge einer „Aktion wider den undeutschen Geist" zu einer organisierten und systematisch vorbereiteten Verfolgung jüdischer, marxistischer und pazifistischer Schriftsteller. Höhepunkt waren die am 10. Mai 1933 auf dem Berliner Opernplatz und in 21 anderen deutschen Universitätsstädten groß inszenierten öffentlichen Bücherverbrennungen, bei denen zehntausende Werke verfemter Autoren von Studenten, Professoren und NS-Organen ins Feuer geworfen wurden. Darunter fielen die Werke von Thomas und Heinrich Mann, Kurt Tucholsky, Sigmund Freud, Stefan Zweig, Erich Maria Remarque und viele andere.

Medien in der DDR

In der DDR standen die Medien unter staatlicher Kontrolle und waren weder frei noch unabhängig. Mit dem „Neuen Deutschland" war die SED in Besitz der größten und einflussreichsten Tageszeitung. Sie war Propagandainstrument und prägte die öffentliche Wahr-

nehmung von Staat und Gesellschaft. Auch alle anderen Tages- und Wochenzeitungen der DDR waren im Besitz der SED oder der Blockparteien und Massenorganisationen, die zu Informations- und Agitationszwecken genutzt wurden. Ähnlich kontrolliert und instrumentalisiert wurden auch Hörfunk und Fernsehen in der DDR. Der Rundfunk strahlte fünf Programme aus, die Nachrichten und Informationen, Kultur und Unterhaltung boten; darunter seit 1986 auch das „Jugendradio DT 64". 1952 zu Stalins Geburtstag wurde das Fernsehen in der DDR gestartet, zunächst als „Deutscher Fernsehfunk" (DFF) tituliert, ab 1972 dann „Fernsehen der DDR" (DDR-FS). Insbesondere die Nachrichten-Sendung „Aktuelle Kamera" und das Magazin „Der Schwarze Kanal" und sein Moderator Karl-Eduard von Schnitzler spielten eine zentrale Rolle bei der Propagandafunktion des Fernsehens.

Die SED hat die Medien als Instrument im Kampf gegen den Westen und um die Köpfe gesehen und die Inhalte kontrolliert. Die Presse- und Öffentlichkeitsarbeit war direkt an das Machtzentrum - die SED-Führung - angebunden. Selbst Details wurden von den Agitationssekretären der Partei und dem Generalsekretär persönlich entschieden. Erich Honecker etwa bestimmte nicht nur, wie die ersten Seiten des „Neuen Deutschland" als Parteizeitung der SED und die „Aktuelle Kamera" auszusehen hatten, sondern mischte sich auch in Kleinigkeiten ein. Die SED schuf ein Anleitungs- und Kontrollsystem, das an der Parteispitze begann und ihr den Zugriff auf jede Veröffentlichung erlaubte. Von einem

Meinungsmonopol konnte trotzdem keine Rede sein, eine der Ursachen für das Scheitern der DDR-Medienpolitik.

Von Anfang an waren überall im Land westliche Hörfunksender zu empfangen, und schon Mitte der 1960er Jahre konnten 85 Prozent der TV-Zuschauer auch Sendungen aus der Bundesrepublik sehen. In der Wahrnehmung der DDR-Bürger fielen die staatliche Dämonisierung des Westens und die Verklärung der eigenen Verhältnisse in der DDR stark auseinander, in ihrem eigenen Erleben und den Bildern aus dem Westfernsehen. Dies schwächte die Legitimationsbasis der SED-Führung zunehmend. Außerdem wurden

in der DDR schon früh verbotene Literatur im Untergrund verbreitet, seit Anfang der 1980er Jahre dann zunehmend auch regelmäßig erscheinende Schriften mit Zeitschriftencharakter (das sogenannte Samisdat-Wesen). Die zum Teil künstlerisch-literarischen, zum Teil politischen Informationshefte aus der Oppositions- und Umweltbewegung erreichten trotz der Illegalität in manchen Fällen durchaus beachtliche Auflagen (bis zu 5.000 Exemplare). Sie gaben dem Unmut der Bevölkerung und der Freiheit des Geistes ein Medium – vom Staat bekämpft, aber ein für die friedliche Revolution 1989/1990 unverzichtbares Sprachrohr.

6. Wirtschaft und Soziales

6.1. Sozial abgefederte Marktwirtschaft in der Demokratie

Marktwirtschaft und liberale Demokratie

In der Ideengeschichte ging die Forderung nach politischer Freiheit oft einher mit der Forderung nach ökonomischer Freiheit. Gegen die feudale, ständische Gesellschaft des Mittelalters plädierte der Liberalismus für eine Ordnung, in der das Individuum frei und autonom sein Handeln bestimmen und nach persönlichem Glück streben könne. Dem Staat komme dabei die Aufgabe zu, diese Freiheit zu sichern und darunter auch die Freiheit des Privateigentums und die Handels-, Gewerbe- und Vertragsfreiheit zu gewährleisten. Inwieweit die freie Marktwirtschaft aber zu den konstitutionellen Voraussetzungen der freiheitlichen Demokratie gehört, wird angesichts der Fehlentwicklung des Kapitalismus zuweilen durchaus kontrovers diskutiert, wie die immer wieder auf- und abschwellende Kapitalismuskritik zeigt.

Da die Freiheit der wirtschaftlichen Betätigung einen erheblichen Anteil an der freien,

individuellen Lebensgestaltung hat und staatliche Restriktionen zu einer erheblichen Einschränkung der persönlichen Freiheit führen können, ist die markwirtschaftliche Verfasstheit aber charakteristisch für die modernen Demokratien, die in ihren Verfassungen alle das Privateigentum garantieren und nur zu Gemeinwohlzwecken einschränken. Aufgrund der großen sozialen Not und wirtschaftlichen Ungleichgewichte während und in Folge der industriellen Revolution gewannen der Gedanke der Sozialbindung des Kapitals und einer staatlichen Wohlfahrtspolitik dabei zunehmend an Bedeutung. Die sozial abgefederte Marktwirtschaft hat sich in den vielen demokratischen Staaten durchgesetzt und muss sich angesichts der Globalisierung und damit einhergehender Finanz- und Wirtschaftskrisen stets aufs Neue bewähren und verändern.

 Der Historiker Paul Nolte bringt es in seiner großen Darstellung „Was ist Demokratie? Geschichte und Gegenwart" (München 2012, S. 432) auf den Punkt: „Marktkapitalismus und liberale Demokratie sind nicht zufällig zur gleichen Zeit aufgestiegen, aber der eine hat die andere nicht automatisch – als politisches Nebenprodukt – hervorgebracht. Ohne die wirtschaftliche Freiheit von Eigentum und Märkten ist Demokratie bisher nicht dauer-

haft etabliert worden, aber auch nicht ohne kapitalismuskritische Proteste, und nicht ohne staatliche Regulierung der Wirtschaft."

Das Konzept der Sozialen Marktwirtschaft

Die Soziale Marktwirtschaft hat sich in Deutschland nach 1945 etabliert und ist mit dem Prinzip der „Selbst-tragenden Wirtschaft" zu einem Erfolgsprodukt und demokratischen Exportschlager Deutschlands gerade auch für die osteuropäischen Transformationsländer der Jahre 1989/90 geworden. Sie steht für die Neuordnung des Wirtschafts- und Gesellschaftssystems der Nachkriegszeit. Geistiger Vater des Konzepts war der Wirtschaftswissenschaftler Alfred Müller-Armack, politischer Vater und federführend in der Umsetzung war der damalige Wirtschaftsminister Ludwig Erhard. Schlüsselwörter für das Verständnis der Sozialen Marktwirtschaft sind die Begriffe Solidarität und Subsidiarität, die das Wirtschaftsprinzip zur politisch-gesellschaftlichen Integrationsformel gemacht haben.

Sozial meint eine Ordnung, die dem Gemeinwohl verpflichtet ist und dem Einzelnen eine menschenwürdige Existenz sichert. Subsidiarität zielt auf die Aufgabenwahrnehmung des Staates, der nur eingreift, um die gesetzlichen und geldwirtschaftlichen Bedingungen zu schaffen. Der Markt ist prinzipiell offen mit Blick auf Information, Angebot und Nachfrage von Waren, Rohstoffen und Dienstleistungen. Der Staat kümmert sich aber um eine marktgerechte Sozialpolitik durch eine gerechte Umverteilung des nationalen Einkommens. Soziale Marktwirtschaft funktioniert also als Wettbewerbsbasis; solange dieser garantiert ist, können die Marktakteure frei agieren und Verträge ohne äußere Einflüsse abschließen.

Voraussetzungen

Voraussetzungen für die soziale Marktwirtschaft sind Freiheit und Demokratie. Der Staat garantiert das Privateigentum der Bürgerinnen und Bürger, die zur ökonomischen Betätigung aufgerufen sind. Soziale Marktwirtschaft ist nur mit einer Tarifautonomie gewährleistet. Die Sozialpartnerschaft der Arbeitgeber- und der Arbeitnehmerseite, die sich beispielsweise in der Aushandlung von Tarif- und Sozialverträgen, von Arbeitszeiten und Urlaubsregelungen zeigt, war und ist ein wesentlicher Garant für die Wohlstandsentwicklung und den sozialen Frieden der zurückliegenden Jahrzehnte. Sie wurde ermöglicht durch die sogenannte,

Eintreten für die eigenen Interessen in der Wirtschaftsdemokratie - Der Deutsche Gewerkschaftsbund (DGB) hatte hierzu am 1. Mai 1993, wie jedes Jahr am Tag der Arbeit, zu einer Kundgebung aufgerufen.

grundgesetzlich garantierte Koalitionsfreiheit (Art. 9 Abs. 3 GG), die im Gegensatz zu der Ausschaltung der Gewerkschaften im Nationalsozialismus die freie Organisation und Betätigung der Arbeitgeber und Arbeitnehmer in der Bundesrepublik sicherte.

Globale Ungerechtigkeiten

Im 21. Jahrhundert entwickeln sich globale Märkte und transnationale Beziehungen von Volkswirtschaften. Die damit einhergehenden Fehlentwicklungen und Ungerechtigkeiten im Kapitalismus beschwören neue Versuche herauf, eine bessere Welt zu schaffen. Das Beispiel China zeigt offenbar, dass sich die kommunistische Ideologie mit dem Kapitalismus verbinden lässt, womit der Riesenstaat zu einem wichtigen Handelspartner für den Westen, aber auch zu einem Wettbewerber im globalen Maßstab geworden ist. Der demokratische Kapitalismus ist bei Betrachtung seiner Geschichte aus seinen Krisen stets schlau geworden und hat sich – ob im Zuge der industriellen Revolution oder in Zeiten des Turbokapitalismus der Gegenwart – fortwährend reformiert. Gerade deshalb ist das System der sozialen Marktwirtschaft entstanden, in dem sich der Staat zwar zurücknimmt, gleichwohl aber regulierend eingreift.

6.2. Planwirtschaft in der Diktatur

Konzept der Planwirtschaft

Das Konzept der Planwirtschaft entspricht dem Wunsch, ökonomische Gegebenheiten und wirtschaftliche Faktoren berechnen, planen und beeinflussen zu können. Der Grundgedanke der Planwirtschaft ist die Überwachung und Regulierung der Wirtschaft zugunsten eines übergeordneten Zwecks, damit nicht der Markt die Gesellschaft bestimmt, sondern die Gesellschaft oder der Staatszweck den Markt. Sämtliche Bereiche der Wirtschaft sind somit der zentralen Planung und dem ihr zugedachten Spielraum und Zweck untergeordnet. Praktisch soll dies umgesetzt werden, indem ein genauer Plan

dessen erstellt wird, was vorhanden ist, benötigt wird und produziert werden soll.

Planwirtschaft als Kriegswirtschaft im Nationalsozialismus

Das Wirtschaftssystem im nationalsozialistischen Deutschland von 1933 bis 1945 war vor allem auf Rüstung ausgerichtet und kann daher auch als Kriegswirtschaft bezeichnet werden. Viele Elemente einer Planwirtschaft waren in ihr zu finden. Mit der Aufrüstung wurden zugleich wirtschaftliche Selbstständigkeit und Vollbeschäftigung angestrebt, weshalb diverse ökonomische Prozesse und Strukturen zentral staatlich gelenkt und bestimmt wurden. Die Versorgung mit Rohstoffen und Verbrauchsgütern in Zeiten des Krieges, der Ausbau der Infrastruktur (zum Beispiel das Schienen- und Verkehrsnetz) sowie die massenhafte Rüstungsproduktion waren die wichtigsten Bereiche der Wirtschaft im Nationalsozialismus, für deren Gewährleistung sich planwirtschaftlicher Mittel bedient wurde. Die Privatwirtschaft wurde dabei stark zurückgedrängt oder in den Dienst der Kriegswirtschaft gestellt.

Im Gegensatz zur realsozialistischen Planwirtschaft war das nationalsozialistische Wirtschaftssystem jedoch eine weitestgehend kapitalistisch geprägte Zentralverwaltungswirtschaft. Dies erklärt sich durch die ideologischen Unterschiede, da der nationalsozialistischen Diktatur kein Anspruch auf eine klassenlose Gesellschaft wie im Sozialismus zu Grunde lag, sondern vor allem das Streben nach politischer, wirtschaftlicher und militärischer Vormachtstellung im Vordergrund stand. So war der Großteil der Wirtschaft auf die Produktion von Kriegsgütern ausgelegt. Da jedoch auch die wirtschaftliche Überlegenheit des Deutschen Reichs demonstriert werden sollte, griff der Staat in diverse Bereiche der Waren- und Dienstleistungsproduktion ein, um diese ähnlich dem Modell der Planwirtschaft zentral steuern und überwachen zu können. Auch hier wird wieder deutlich, wie die Planwirtschaft ein Mittel zum Zweck ist, also wie die Wirtschaft zu Zwecken politischer Belange als Instrument benutzt wird. Die Diktatur unter Hitler zeichnete sich durch politische und ökonomische Gleichschaltung aus, sodass eine Unterordnung der Wirtschaft unter die zentrale politische Steuerung eine zwangsläufige Folge war. Deutliches Zeichen war bereits am 2. Mai 1933 die Zerschlagung der Gewerkschaften durch die NS-Führung, die am 10. Mai 1933 gegründete „Deutsche Arbeitsfront" zwang die Arbeitnehmer unter das Diktat des Regimes.

Planwirtschaft „im real existierenden Sozialismus"

Wegweisend für real existierende sozialistische Planwirtschaften wie die der DDR ist der kommunistische Gesellschaftsentwurf von Karl Marx und Friedrich Engels, dessen Hauptmerkmal das Ideal einer klassenlosen Gesellschaft ist. Diese Utopie des Auflösens aller Klassenunterschiede und somit das Ende von Ungleichheit und Benachteiligung ist die Grundlage sozialistischer Gesellschaften, die sich als Phase des Übergangs vom Kapitalismus in den Kommunismus verstehen. Die Planwirtschaft ist hier ein zentrales Mittel zur Umsetzung des politischen Anspruchs und gleichzeitig Kritik am Kapitalismus, der

mit diesem Gegenentwurf überwunden werden soll. Ausbeutung, Ungleichheit und Abhängigkeit von ökonomischen Faktoren sollen mithilfe der Planwirtschaft verhindert und überwunden werden. Hierbei spielt die Verstaatlichung privater Besitztümer wie Rohstoffe, Landwirtschaft und Produktionsmittel eine zentrale Rolle, da Privateigentum nicht nur die Anhäufung von Gewinnen und somit die Bereicherung von Einzelpersonen bedeutet, sondern ebenso die Abhängigkeit von Arbeitskräften gegenüber diesen.

Mangelwirtschaft in der DDR

Auf keinem anderen Gebiet wurde in der SED-Diktatur so viel hochgestapelt wie auf dem der Erfüllung wirtschaftlicher Planziele. Hier blieben die Grenzen von Betrug und Selbstbetrug stets fließend. Dabei dienten die Wirtschaftsberichte der DDR immer der Propaganda, also der Desinformation auch der eigenen Bevölkerung. Desinformiert werden sollte aber auch das nicht-sozialistische Ausland. Fehlurteile krassester Art über die wirtschaftliche Leistungsfähigkeit der DDR

Schlangestehen beim Einkauf des alltäglichen Bedarfs gehörte für DDR-Bürger zum Alltag, hier 1980 in Leipzig vor dem VEB Versteigerungs- und Gebrauchtwarenhaus, und war ein Grund für die schwindende Legitimation der SED-Herrschaft.

lassen sich nicht nur in der veröffentlichten Meinung, auch der des Westens, bis in die Zeit nach dem Umbruch feststellen, sie prägten vielmehr auch weite Teile der wissenschaftlichen Analyse.

Auf dem V. Parteitag der SED 1957 verkündete Walter Ulbricht das Ziel für die nächsten vier Jahre: das Erreichen des westdeutschen Lebensstandards. „Überholen ohne einzuholen" lautete die Devise. Die Überlegenheit des Sozialismus sollte bewiesen werden. Tatsächlich blieben Versorgungsschwierigkeiten bis zum Ende der DDR ständiger Begleiter im Alltag. Aber es war eine eigene sozialistische Konsumkultur entstanden, anders, als sich das die SED-Führung ausgemalt hatte: Das Schlangestehen vor den Geschäften gehörte ebenso dazu wie der Tauschhandel, die Eigenversorgung mit allem, was der Kleingarten hergab, und die Verschwendung hoch subventionierter Lebensmittel wie zum Beispiel Brot, das als Tierfutter billiger war als die Erzeugnisse der volkseigenen Futtermittelproduktion.

Die Mangelwirtschaft war das Markenzeichen von 40 Jahren Wirtschaftsentwicklung in der DDR. Auf eine Wohnung mussten Familien in der Regel fünf Jahre lang warten, auf ein Telefon zehn Jahre, auf einen „Wartburg" 15 Jahre. Genussmittel wie Schokolade oder Südfrüchte waren entweder überteuert oder gar nicht zu haben. Im Sommer 1974 gab die SED-Führung dem „Devisendrang" nach und legalisierte für die DDR-Bevölkerung das Einkaufen in den „Intershops", die ursprünglich als Duty-Free-Geschäfte für durchreisende Ausländer mit „harter" Währung gedacht waren. Damit erfolgte die Spaltung der Gesellschaft in Menschen mit und ohne DM.

Zur Förderung der Systembindung erlangte die praktische Sozialpolitik im Sinne „sozialistischer Errungenschaften" mehr und mehr an Bedeutung. So baute die SED das kollektive Versorgungs- und Sicherungssystem in den 1970er und 1980er Jahren großzügig aus und versuchte damit, den Legitimationsmangel der eigenen politischen Herrschaft zu kompensieren. Aber gerade diese Sozialgeschenke beschleunigten den wirtschaften Ruin. Am 31. Oktober 1989 legte der DDR-Planungschef Gerhard Schürer dem Politbüro der SED ein Geheimgutachten vor, aus dem hervorging: Die DDR ist pleite. „Allein ein Stoppen der Verschuldung würde im Jahre 1990 eine Senkung des Lebensstandards um 25 bis 30 Prozent erfordern und die DDR unregierbar machen." Die DDR-Bürgerinnen und -Bürger quittierten das wirtschaftspolitische Unvermögen und die ständige Gängelei durch die SED-Führung Ende der 80er Jahre massenhaft mit Flucht.

Durch planwirtschaftliche Reglementierung, fehlende Strukturentscheidungen und ausbleibende Investitionen in die Erneuerung der Produktionsanlagen zeigte sich am Ende der DDR das ganze Ausmaß an Misswirtschaft, die sich für die Zeit nach der Wiedervereinigung als schwere Hypothek zeigen sollte.

Arbeitsblätter

Arbeitsblatt 1

(zu I.1. Der demokratische Verfassungsstaat und seine Grundprinzipien)
Ist die Demokratie die beste aller Regierungsformen?

Arbeitsblatt 2

(zu I.1. Der demokratische Verfassungsstaat und seine Grundprinzipien)
Von der Diktatur zur dauerhaften Demokratie

Arbeitsblatt 3

(zu I.2.1. Merkmale totalitärer Diktaturen)
Der Totalitarismus

Arbeitsblatt 4

(zu I.2.1. Merkmale totalitärer Diktaturen)
Elemente totalitärer Herrschaft

Arbeitsblatt 5

(zu I.2.1. Merkmale totalitärer Diktaturen)
Totalitäre Regime als politische Religionen?

Arbeitsblatt 6

(zu I.2.1. Merkmale totalitärer Diktaturen)
Totalitäre, autoritäre und demokratische Systeme

Arbeitsblatt 7

(zu I.2.2. Merkmale autoritärer Diktaturen)
War die DDR totalitär?

Arbeitsblatt 8

(zu II.1.1. Menschenrechte und Gesellschaftsbild in der Demokratie)
Quellenvergleich zur Ideengeschichte der Menschenrechte

Arbeitsblatt 9

(zu II.1.2. Menschenrechte und Gesellschaftsbild in der Diktatur)
Abschaffung von Grundrechten - die Notverordnungen vom Februar 1933

Arbeitsblatt 10

(zu II.1.2. Menschenrechte und Gesellschaftsbild in der Diktatur)
„Und sie werden nicht mehr frei sein im Leben" (Adolf Hitler)

Arbeitsblätter

Arbeitsblatt 11

(zu II.1.2. Menschenrechte und Gesellschaftsbild in der Diktatur)
„Der Weg des gleichgeschalteten Staatsbürgers" (NS-Diktatur)

Arbeitsblatt 12

(zu II.1.2. Menschenrechte und Gesellschaftsbild in der Diktatur)
Vergleich der Artikel 1 der DDR-Verfassung und des Grundgesetzes

Arbeitsblatt 13

(zu II.1.2. Menschenrechte und Gesellschaftsbild in der Diktatur)
Grundrechte und Grundpflichten in der DDR-Verfassung

Arbeitsblatt 14

(zu II.3.2. Die DDR als Unrechtsstaat)
Machtstrukturen im SED-Staat

Arbeitsblatt 15

(zu II.4.1. Engagement in der Demokratie)
Ehrenamt und Solidarität

Arbeitsblatt 16

(zu II.4.1. Engagement in der Demokratie)
Jugend und Demokratie

Zu I.1.: Der demokratische Verfassungsstaat und seine Grundprinzipien

Material

Ist die Demokratie die beste aller Regierungsformen?

Ist die Demokratie denn die beste aller Regierungsformen? Das ist eine Frage der politischen Ethik, die nicht mehr so häufig gestellt wird – auch deshalb, weil schon in der Frage das Pathos und die Arroganz der Überlegenheit mitzuschwingen scheinen. Dabei sind die Antworten in den letzten Jahrzehnten eher zurückhaltend und bescheiden ausgefallen. Der skeptische Ton der Nachkriegszeit, der in der Demokratie die nur relativ beste Versicherung gegen Machtmissbrauch, Unfreiheit und Gewalt sah, ist in der jüngeren politischen Theorie und Philosophie häufig aufgegriffen worden. Anhänger der Demokratie sollten, so der amerikanische Philosoph Richard Rorty, nicht mit dem schweren Gepäck einer wesensmäßigen Überlegenheit unterwegs sein, nicht mit metaphysischen oder quasi-theologischen Ansprüchen argumentieren. Vielmehr ist der Demokratie unter pragmatischen und relativen Gesichtspunkten der Vorzug vor anderen Systemen zu geben. Sie ist, nach bisheriger und gegenwärtiger Erfahrung, besser als jede Alternative. Sie überzeugt nicht durch ihre Stärke, sondern, wie John Keane meint, gerade durch ihre Schwäche, ihre Offenheit und Verletzlichkeit. Im Gegensatz zu anderen bekannten Verfassungs- und Gesellschaftsformen vermag sie sich selber in Frage zu stellen, und gerade aus dieser Fähigkeit zur Selbstkritik […] haben sich Dynamik und Erneuerung der Demokratie in den letzten Jahrzehnten maßgeblich gespeist. Aus heutiger Sicht kommt deshalb nach der Demokratie: die Demokratie."

Quelle: Paul Nolte: Was ist Demokratie? Geschichte und Gegenwart, München 2012, S. 473.

Aufgabe:

Der Autor begründet seine positive Bewertung der Demokratie mit ihrer Fähigkeit zur Selbstkritik und Erneuerung. Benennen Sie Faktoren, die diese offene Auseinandersetzung und Konsequenzen aus erkannten Defiziten ermöglichen? Vergleichen Sie diese Bedingungen mit den Möglichkeiten zur Kritik und Erneuerung in autoritären oder totalitären Systemen. Zu welcher Antwort kommen Sie bei der Frage, ob die Demokratie die beste aller Regierungsformen sei?

Zu I.1. Der demokratische Verfassungsstaat und seine Grundprinzipien

Material

Von der Diktatur zur dauerhaften Demokratie

In den letzten Jahren sind verschiedene Diktaturen – sowohl inneren wie äußeren Ursprungs – zusammengebrochen, als sie sich Widerstand leistenden, mobilisierenden Menschen gegenübersahen. Einige dieser Diktaturen, die oftmals als fest verankert und unerschütterlich galten, waren nicht in der Lage, dem politischen, wirtschaftlichen und gesellschaftlichen Widerstand des Volkes standzuhalten. […] Der Sturz einer Diktatur ist natürlich ein Anlass zum Feiern. Menschen, die so lange gelitten haben und mit so hohem Einsatz gekämpft haben, haben sich eine Zeit der Freude, der Entspannung und der Anerkennung verdient. […]

Leider darf man in dieser Zeit die Wachsamkeit nicht verringern. Selbst wenn es gelungen ist, die Diktatur durch politischen Widerstand zu stürzen, muss man Vorkehrungen treffen, um zu verhindern, dass inmitten der Wirren nach dem Zusammenbruch des alten Unterdrückerregimes ein neues an die Macht gelangt. […] Die diktatorischen Strukturen müssen zerschlagen werden. Es gilt, die konstitutionellen und rechtlichen Grundlagen und Verhaltensstandards einer dauerhaften Demokratie zu etablieren.

Niemand sollte glauben, dass mit dem Sturz einer Diktatur eine Idealgesellschaft entsteht. […] Es wird noch jahrelang ernste politische, wirtschaftliche und soziale Probleme geben, zu deren Lösung es des Zusammenwirkens vieler Menschen und Gruppierungen bedarf. […] Das neue, demokratische System braucht eine Verfassung, die den ersehnten Rahmen für die demokratische Regierung bildet. Die Verfassung sollte folgendes festlegen: die Zwecke der Regierung, die Grenzen staatlicher Macht, Art und Zeitpunkt der Wahlen, mit denen Regierung und Parlamentarier gewählt werden, die Grundrechte der Menschen sowie das Verhältnis zwischen Zentralregierung und anderen Regierungsebenen.

Quelle: Gene Sharp: Von der Diktatur zur Demokratie. Ein Leitfaden für die Befreiung, München 2008, S. 13, 94-96.

Aufgabe:

Erklären Sie mithilfe des Textes, warum nach dem Sturz einer Diktatur erst in der Demokratiegestaltung und -bewahrung die große Herausforderung liegt.

Zu I.2.1.   Merkmale totalitärer Diktaturen

Material

Der Totalitarismus

Totalitarismus (ist) wahrhaft ein Phänomen des 20. Jahrhunderts, grundlegend verschieden von früheren Möglichkeiten totalitärer Regime. Seine primäre Bedeutung und Ermöglichung ist eben ganz wesentlich die moderne Industrialisierung und die Technologie im „Zeitalter der Massen", deren Expansion und Mobilisierung die eigentliche Basis und Legitimation bildet. Moderne Perfektion der Organisation, der Kommunikation, der Propaganda eröffnen die Möglichkeiten und halten die Instrumente bereit für jene umfassenden Kontrollen, jene totale Mobilisierung, jene terroristisch zwingende oder verführerisch überredende Gleichschaltung des Lebens und Denkens aller Bürger, wie es nie zuvor in der Geschichte gegeben hat. [...] Grundlegend ist in allen totalitären Regimen der ausschließliche Führungsanspruch einer Partei und Ideologie. Das Wirken rivalisierender politischer Parteien und Gruppen wird ebenso unterbunden wie der fundamentale Anspruch auf individuelle Freiheit und Schutz der Menschenrechte. Insofern ist der Totalitarismus, ungeachtet seiner pseudo-demokratischen Legitimierung, ein Gegenschlag gegen die demokratische Bewegung der Menschen- und Bürgerrechte. [...] Das totale Monopol der Partei, der Führungsanspruch in der Herrschaft wie in der Kontrolle über Staat und Gesellschaft wird nicht nur pseudodemokratisch, sondern mehr noch pseudoreligiös sanktioniert und überhöht. Mit dem Attribut der Unfehlbarkeit ausgestattet, fordern jene höchsten Instanzen des totalitären Staates eine glorifizierende Verehrung durch die „Massen", die dafür organisiert, indoktriniert, mobilisiert und [...] zur betäubenden Orgie der Massenhuldigung geführt werden.

Quelle: Karl-Dietrich Bracher: Zeitgeschichtliche Kontroversen um Faschismus, Totalitarismus, Demokratie, München 1984, S. 25–40.

Aufgabe:

Arbeiten Sie die wesentlichen Merkmale des Totalitarismus heraus.

Zu I.2.1.   Merkmale totalitärer Diktaturen

Elemente totalitärer Herrschaft

Material

Totalitäre Diktatur bedeutet [...] die Erstrebung der ungeteilten Macht und ihre spezifische Sicherung durch modernste Lenkungsstrategien. Sie richten sich gegen bürgerliche Demokratie und gegen Liberalität als Freiheit von der Politik, und vor allem gegen Gewaltenteilung. Wir können dann von einer totalitären Herrschaft sprechen, wenn sich in ihr die Überwindung der Gewaltenteilung, die Abschaffung des Parteienpluralismus und der Herrschaftskontrolle durch geheime Wahlen, sowie die Beseitigung einer unabhängigen Judikatur verbinden bei gleichzeitiger, vollständiger Kontrolle über die Herrschaftsmittel, legitimiert durch eine Ideologie, die auf eine radikale Durchsetzung eines neuen Gesellschaftsmodells ausgerichtet ist.

Von besonderer Bedeutung ist dabei, daß diese Ideologie fast beliebig formbar zur Disposition des Führers, des Diktators steht [...]. Es zeichnet den totalitären Diktator aus, daß er über diese Ideologie und zugleich über die komplementären Machtmittel verfügt und so über die Herrschaftsobjekte zu jeder Zeit den Ausnahmezustand verhängen kann.

Quelle: Manfred Funke: Braune und rote Diktaturen - Zwei Seiten einer Medaille? Historikerstreit und Totalitarismustheorie, in: Eckhard Jesse (Hrsg.): Totalitarismus im 20. Jahrhundert. Eine Bilanz der internationalen Forschung, Bonn 1996, S. 152-159.

Aufgabe:

Nennen Sie Beispiele für totalitäre Diktaturen der Vergangenheit oder Gegenwart. Beschreiben Sie die Ausprägung der im Text genannten Elemente totalitärer Herrschaft in diesen Staaten und ihre Auswirkung auf die Gesellschaft und das Individuum.

Zu I.2.1.   Merkmale totalitärer Diktaturen

Totalitäre Regime als politische Religionen

Material

Die äußerliche Ähnlichkeit zu den klassischen Religionen zeichnet sich im Marxismus-Leninismus, trotz seines unmissverständlichen Atheismus, besonders deutlich ab. Für ihn stehen die Antworten auf letzte Sinnfragen, die Erklärung der Welt und die Überwindung des Bösen im Mittelpunkt seiner Lehre. Alles in dieser Welt folge den historischen Gesetzmäßigkeiten, die einige wenige Menschen erkannt zu haben meinten, allen voran Karl Marx. Am Ende der Geschichte erwarte den Menschen die kommunistische End-Gesellschaft, in der sich alle gesellschaftlichen Spannungen auflösen. [...]

Wer die totalitären Ideologien des 20. Jahrhunderts als politische Religionen versteht, gewinnt einen schärferen Blick auf das Wesen totalitärer Staaten. Er vermag viele Prozesse sowie ideologische Ansprüche in der politischen Wirklichkeit besser nachzuvollziehen. Die gnadenlose Hetzjagd auf die Oppositionellen wird in ihrer Radikalität verständlicher, der Umgang mit Renegaten und die Ähnlichkeit zur Verfolgung von Glaubensabtrünnigen durch die Kirche erklärbarer – eben durch den ideologischen Anspruch des Nationalsozialismus und des Marxismus-Leninismus, die letztgültige Wahrheit erkannt zu haben und eine unbedingt bessere Gesellschaft in dieser Welt aufzubauen. Durch das Ziel, eine neue vollkommene Gesellschaft, hier, im Diesseits, zu etablieren, wird die Rolle der Politik ebenfalls in ihrer besonderen Stellung klarer. Die Politik, angeleitet von ideologischen Vorgaben, steigt zum Erfüllungsgehilfen der historischen Gesetzmäßigkeiten auf. Die Ideologie gibt, gleich einer Utopie, die Direktiven für die Politik vor, und diese sind präzise und gnadenlos formuliert.

Der revolutionäre Anspruch totalitärer Ideologien bedeutet nichts Geringeres als einen Frontalangriff auf das christlich-humanistische Erbe des Abendlandes, das unsere Demokratie und unsere Vorstellung von der Würde eines jeden Menschen hervorgebracht hat. In der Demokratie ist der Mensch nicht für den Staat da, sondern der Staat für den Menschen. In totalitären Diktaturen hingegen dienen der Staat wie auch der Einzelne den Zielen einer Ideologie, die einige wenige Menschen formuliert haben und die sie im Namen eines Kollektivs durchzusetzen versuchen. Da es sich um – angeblich – höhere Ziele handelt, dürfe auf einzelne Opfer keine Rücksicht genommen werden: In der totalitären Diktatur ist die Würde des Individuums antastbar.

Quelle: Evelyn Völkel: Nationalsozialismus und Kommunismus als politische Religionen?, in: Freiheit und Recht 2008 / 1+2, online: www.bwv-bayern.org/component/content/article/3-suchergebnis/31-nationalsozialismus-und-kommunismus-als-politische-religionen-.html

Aufgabe:

Erklären Sie, weshalb die Autorin totalitäre Ideologien als politische Religionen bezeichnet. Benennen Sie Beispiele aus einem totalitären Herrschaftsregime der Geschichte oder Gegenwart. Teilen Sie die Auffassung der Autorin?

Zu I.2.1.   Merkmale totalitärer Diktaturen

Material

Totalitäre, autoritäre und demokratische Systeme

	Totalitär	Autoritär	Demokratisch
Herrschafts-legitimation	geschlossene Ideologie	keine geschlossene Ideologie, herrschaftspraktische Orientierung	Volkssouveränität
Herrschaftszugang	geschlossen (kein Wahlrecht)	limitiert (eingeschränktes Wahlrecht)	offen (unabhängig von Geschlecht und Status)
Herrschaftsmonopol	beim Führer	bei Führern oder eingegrenztem Herrschaftskreis (z.B. Militär)	bei demokratisch legitimierten Institutionen
Herrschaftsstruktur	monistisch, ohne Gewaltenteilung und -kontrolle	eingeschränkte Gewaltenteilung und -kontrolle	Prinzip der Machtbalance mit gegenseitiger Kontrolle der Gewalten
Herrschaftsanspruch	unbegrenzt	weitreichend	begrenzt (Freiheitsräume beim Individuum, aber auch bei Wirtschaft und Verbänden)
Herrschaftsweise	nicht rechtsstaatlich, terroristisch, repressiv	repressiv, nur eingeschränkt rechtsgebunden	rechtsstaatlich, an Recht und Gesetz gebunden

Quelle: Eigene Darstellung

Aufgabe:

Erläutern Sie die Typologie mit eigenen Worte. Finden Sie aktuelle Beispiele für die ausgewählten Systemtypen.

Zu I.2.2.   Merkmale autoritärer Diktaturen

Material

War die DDR totalitär?

Das politische System der DDR zeichnet sich durch das Fehlen pluralistischer Elemente auf allen Ebenen aus. Der Monopolanspruch der kommunistischen Partei, die die „Avantgarde der Arbeiterklasse" sei, stand nicht zur Disposition. [...] Gewaltenvereinigung wurde als notwendig proklamiert. [...] Der symbolträchtige Mauerbau erhob achtundzwanzig Jahre lang die „Absurdität zum Alltag". Die Abriegelungsmaßnahmen [...] zogen die größte Verhaftungswelle seit dem 17. Juni nach sich. Die Mauer firmierte sich in der Tat als die „existenzielle Grundlage der DDR", aber zugleich stellte dieses Monstrum deren existenzielle Grundlage immer wieder in Frage. Beide Ereignisse samt ihren Folgen zeigen anschaulich den totalitären Charakter der DDR, spiegelbildlich zugleich die permanente Gefährdungshaltung des Systems [...].

Bisher ist eine Institution – das Ministerium für Staatssicherheit (MfS) – so gut wie gar nicht berührt worden, deren Tätigkeit gemeinhin als das schlagendste Argument für die These gilt, die DDR sei [...] das Modell eines totalitären Staates gewesen – und zwar aufgrund der Rolle ihres zunehmend flächendeckend agierenden Staatssicherheitsdienstes [...]. In der "Richtlinie Nr. 1/76" der Staatssicherheit hieß es folgendermaßen: „Bewährte anzuwendende Formen der Zersetzung sind: systematische Diskreditierung des öffentlichen Rufs, des Ansehens und des Prestiges." [...] Jugendliche wurden nicht nur „zersetzt", sondern auch für die Zwecke der Staatssicherheit eingespannt. Eine Kommentierung aus einer Lektion des Ministeriums für Staatssicherheit [...] lautet: „Die optimale Gestaltung der Zusammenarbeit mit Jugendlichen, ihre Erziehung und Befähigung, dass die der Forderung des Genossen Minister entsprechend in der Lage sind, operativ bedeutsame Personen ‚unter die Haut zu kriechen und ins Herz zu blicken, damit wir zuverlässig wissen, wer sie sind, wo sie stehen', verlangt vom Ministerium spezifische Fähigkeiten zur Führung junger Menschen." Diese Kommentierung macht einen Kommentar überflüssig.

Quelle: Eckhard Jesse: War die DDR totalitär?, in: Ders.: Diktaturen in Deutschland, Baden-Baden 2008, S. 385-394.

Aufgabe:

Arbeiten Sie die wesentlichen Argumente heraus, die der Autor für seine These von der DDR als totalitäre Diktatur anführt. Stimmen Sie zu?

Zu II.1.1.   Menschenrechte und Gesellschaftsbild in der Demokratie

Material 1

John Locke: Über die Regierung (1690)

§ 4: Um politische Gewalt richtig zu verstehen und sie von ihrem Ursprung herzuleiten, müssen wir sehen, in welchem Zustand sich die Menschen von Natur aus befinden. Es ist ein Zustand vollkommener Freiheit, innerhalb der Grenzen des Naturgesetzes seine Handlungen zu lenken und über seinen Besitz und seine Person zu verfügen, wie es einem am besten scheint – ohne jemandes Erlaubnis einzuholen und ohne von dem Willen eines anderen abhängig zu sein.

Es ist überdies ein Zustand der Gleichheit, in dem alle Macht und Rechtsprechung wechselseitig sind, da niemand mehr besitzt als ein anderer: Ist doch nichts offensichtlicher, als daß Lebewesen von gleicher Art und gleichem Rang, die unterschiedslos zum Genuß derselben Vorteile der Natur und zum Gebrauch der gleichen Fähigkeiten geboren sind, auch gleichgestellt leben sollen, ohne Unterordnung oder Unterwerfung – es sei denn, ihrer aller Herr und Meister würde in einer offensichtlichen Willensäußerung den einen über den anderen setzen und ihm durch eine offenkundige und klare Ernennung ein unzweifelhaftes Recht auf Herrschaft und Souveränität verleihen. (...)

§ 7: Damit nun die Menschen davon abgehalten werden, sich gegenseitig in ihren Rechten zu beeinträchtigen und einander Schaden zuzufügen, und damit das Naturgesetz beobachtet werde, das den Frieden und die Erhaltung der ganzen Menschheit verlangt, so ist in jenem Zustand die Vollstreckung des Naturgesetzes in die Hand aller gegeben. Ein jeder hat somit das Recht, diejenigen, die das Gesetz überschreiten, in dem Maße zu strafen, wie es nötig ist, eine neue Verletzung zu verhindern. Denn gleich allen anderen Menschen dieser Welt betreffenden Gesetzen wäre das Naturgesetz nichtig, wenn im Naturzustand niemand die Macht hätte, dieses Gesetz zu vollstrecken, um den Unschuldigen zu schützen und den, der es überschreitet, in Schranken zu halten. Wenn aber jeder einzelne im Naturzustand einen anderen für jedes von ihm begangene Unrecht bestrafen kann, so können es alle tun. Denn was in diesem Zustande der vollkommenen Gleichheit, wo es von Natur weder Überordnung noch Rechtsprechung des einen über den anderen gibt, zur Vollstreckung dieses Gesetzes irgendeinem zu tun erlaubt ist, muß notwendigerweise auch das Recht aller sein.

§ 87: Der Mensch [...] hat von Natur aus nicht nur die Macht, sein Eigentum – nämlich sein Leben, seine Freiheit und seinen Besitz – gegen die Schädigungen und Angriffe anderer Menschen zu schützen, sondern darüber hinaus andere wegen der Verletzungen dieses Gesetzes zu verurteilen und sie so zu bestrafen, wie es seiner Überzeugung nach das Vergehen zu verurteilen [...]. Da aber keine politische Gemeinschaft bestehen und fortdauern kann, ohne dass es in ihr eine Gewalt gibt, das Eigentum zu schützen und zu diesem Zweck die Überschreitungen aller, die dieser Gesellschaft angehören, zu bestrafen, gibt es dort und dort allein politische Gemeinschaft, wo jedes Mitglied seiner natürlichen Macht entsagt und [...] zugunsten der Gemeinschaft auf sie verzichtet hat. [...]

§ 95: Die Menschen sind [...] von Natur alle frei, gleich und unabhängig [...]. Die einzige Möglichkeit, diese natürliche Freiheit aufzugeben und die Fesseln bürgerlicher Gesellschaft anzulegen, ist die, dass man mit anderen Menschen übereinkommt, sich zusammenschlie-ßen und in eine Gemeinschaft zu vereinigen, mit dem Ziel, behaglich, sicher und friedlich miteinander zu leben – in dem sicheren Genuß des Eigentums und in größerer Sicherheit gegenüber allen, die ihr nicht angehören. Jede beliebige Anzahl von Menschen kann dies tun, denn es verletzt nicht die Freiheit der übrigen; diese verbleiben wie zuvor in der Freiheit des Naturzustandes. Sobald eine Anzahl von Menschen auf diese Weise übereinkommen ist, eine Gemeinschaft oder Regierung zu bilden, haben sie sich ihr zugleich einverleibt, und sie bilden einen einzigen politischen Körper, in dem die Mehrheit die Pflicht hat zu handeln und die übrigen Glieder mitzuverpflichten.

§ 149: Obwohl es in einem verfassten Staatswesen […] nur eine höchste Gewalt geben kann, die Legislative, der alle übrigen Gewalten untergeordnet sind und sein müssen, ist doch die Legislative nur eine Gewalt, die treuhänderisch zu bestimmten Zwecken handelt, und es verbleibt dem Volk dennoch die höchste Gewalt, die Legislative abzuberufen oder zu ändern, wenn es der Meinung ist, dass sie dem in sie gesetzten Vertrauen zuwiderhandelt. […]

Material 2

Die „Virginia Bill of Rights" (12. Juni 1776)

Eine Erklärung der Rechte, von den Vertretern der guten Bevölkerung von Virginia, in voll-ständiger und freier Versammlung zusammengetreten, abgegeben über die Rechte, die ihnen und ihrer Nachkommenschaft als Grundlage und Fundament der Regierung zustehen.

Artikel 1: Alle Menschen sind von Natur aus in gleicher Weise frei und unabhängig und be-sitzen bestimmte angeborene Rechte, welche sie ihrer Nachkommenschaft durch keinen Vertrag rauben oder entziehen können, wenn sie eine staatliche Verbindung eingehen, und zwar den Genuß des Lebens und der Freiheit, die Mittel zum Erwerb und Besitz von Eigen-tum und das Erstreben und Erlangen von Glück und Sicherheit.

Artikel 2: Alle Macht ruht im Volke und leitet sich folglich von ihm her […].

Artikel 3: Eine Regierung ist oder sollte zum allgemeinen Wohle, zum Schutze und zur Si-cherheit des Volkes, der Nation oder Allgemeinheit eingesetzt sein; von all den verschie-denen Arten und Formen der Regierung ist diejenige die beste, die imstande ist, den höchsten Grad von Glück und Sicherheit hervorzubringen, und die am wirksamsten gegen die Gefahr schlechter Verwaltung gesichert ist; die Mehrheit eines Gemeinwesens hat ein unzweifelhaftes, unveräußerliches und unverletzliches Recht, eine Regierung zu verändern oder abzuschaffen, wenn sie diesen Zwecken unangemessen oder entgegengesetzt befun-den wird, und zwar so, wie es dem Allgemeinwohl am dienlichsten erscheint.

Artikel 5: Die gesetzgebende und die ausführende Gewalt des Staates sollen von der rich-terlichen getrennt und unterschieden sein (...).

Artikel 6: Die Wahlen der Abgeordneten, die als Volksvertreter in der Versammlung dienen, sollen frei sein (...).

Artikel 12: Die Freiheit der Presse ist eines der starken Bollwerke der Freiheit und kann nur durch despotische Regierungen beschränkt werden.

Material 3

Die französische Erklärung der Menschen- und Bürgerrechte (26. August 1789)

[Heute noch gültiges Verfassungsrecht]

Da die Vertreter des französischen Volkes, als Nationalversammlung eingesetzt, erwogen haben, daß die Unkenntnis, das Vergessen oder die Verachtung der Menschenrechte die einzigen Ursachen des öffentlichen Unglücks und der Verderbtheit der Regierungen sind, haben sie beschlossen, die natürlichen, unveräußerlichen und heiligen Rechte der Menschen in einer feierlichen Erklärung darzulegen, damit diese Erklärung allen Mitgliedern der Gesellschaft beständig vor Augen ist und sie unablässig an ihre Rechte und Pflichten erinnert; damit die Handlungen der gesetzgebenden wie der ausübenden Gewalt in jedem Augenblick mit dem Endzweck jeder politischen Einrichtung verglichen werden können und dadurch mehr geachtet werden; damit die Ansprüche der Bürger, fortan auf einfache und unbestreitbare Grundsätze begründet, sich immer auf die Erhaltung der Verfassung und das Allgemeinwohl richten mögen.

Infolgedessen erkennt und erklärt die Nationalversammlung in Gegenwart und unter dem Schutze des Allerhöchsten folgende Menschen- und Bürgerrechte:

Art. 1. Die Menschen sind und bleiben von Geburt frei und gleich an Rechten. Soziale Unterschiede dürfen nur im gemeinen Nutzen begründet sein.

Art. 2. Das Ziel jeder politischen Vereinigung ist die Erhaltung der natürlichen und unveräußerlichen Menschenrechte. Diese Rechte sind Freiheit, Eigentum, Sicherheit und Widerstand gegen Unterdrückung.

Art. 4. Die Freiheit besteht darin, alles tun zu können, was einem anderen nicht schadet. So hat die Ausübung der natürlichen Rechte eines jeden Menschen nur die Grenzen, die den anderen Gliedern der Gesellschaft den Genuß der gleichen Rechte sichern. Diese Grenzen können allein durch Gesetz festgelegt werden.

Art. 11. Die freie Mitteilung der Gedanken und Meinungen ist eines der kostbarsten Menschenrechte. Jeder Bürger kann also frei schreiben, reden und drucken unter Vorbehalt der Verantwortlichkeit für den Mißbrauch dieser Freiheit in den durch das Gesetz bestimmten Fällen.

Art. 12. Die Sicherung der Menschen und Bürgerrechte erfordert eine Streitmacht. Diese Macht ist also zum Vorteil aller eingesetzt und nicht für den besonderen Nutzen derer, denen sie anvertraut ist.

Quellen: M 1 und M 2: http://www.dadalos-d.org/deutsch/Menschenrechte/Grundkurs_MR2/Materialien/dokument2.htm; M 3: http://www.verfassungen.eu/f/ferklaerung89.htm

Aufgabe:

Vergleichen Sie die Begründung der Menschen- und Bürgerrechte bei John Locke, in den „Virginia Bill of Rights" und der französischen Erklärung. Inwiefern lässt sich von einer Fortentwicklung sprechen?

Zu II.1.2. Menschenrechte und Gesellschaftsbild in der Diktatur

Adolf Hitlers Rede im Reichstag zum Ermächtigungsgesetz am 23. März 1933 in der Berliner Krolloper

Abschaffung von Grundrechten – die Notverordnungen vom Februar 1933

Material 1

Erste Notverordnung vom 4. Februar 1933

Auf Grund des Artikels 48 Abs. 2 der Reichsverfassung wird folgendes verordnet:

§ 1 (1) Öffentliche politische Versammlungen sowie alle Versammlungen und Aufzüge unter freiem Himmel sind spätestens achtundvierzig Stunden vorher unter Angabe des Ortes, der Zeit und des Verhandlungsgegenstandes der Ortspolizeibehörde anzumelden. […]

§ 7 (1) Druckschriften, deren Inhalt geeignet ist, die öffentliche Sicherheit oder Ordnung zu gefährden, können polizeilich beschlagnahmt und eingezogen werden. […]

§ 14 (1) Die obersten Landesbehörden oder die von ihnen bestimmten Stellen können verbieten, daß Geld- oder Sachspenden zu politischen Zwecken oder zur Verwendung durch politische Organisationen von Haus zu Haus, auf Straßen und Plätzen, in Gast- und Vergnügungsstätten oder an anderen öffentlichen Orten eingesammelt werden; das Verbot kann auf einzelne Sammlungen oder die Sammlungen bestimmter Vereinigungen beschränkt werden. Sammlungen, die in Versammlungen oder im Zusammenhang mit ihnen am Versammlungsort stattfinden, sowie Sammlungen von Haus zu Haus, die sich auf Mitglieder der sammelnden Organisation beschränken, sind zulässig.

Material 2

Die Verordnung zum Schutz von Volk und Staat vom 28. Februar 1933 setzte die weiteren Grundrechte außer Kraft. Vorwand dafür war der Reichstagsbrand vom 27. Februar. Die Nationalsozialisten behaupteten, der Anschlag eines Einzeltäters sei der vorhergesagte kommunistische Umsturzversuch gewesen.

Zweite Notverordnung vom 28. Februar 1933

Auf Grund des Artikels 48 Abs. 2 der Reichsverfassung wird zur Abwehr kommunistischer staatsgefährdender Gewaltakte folgendes verordnet:

§ 1

Die Artikel 114, 115, 117, 118, 123, 124 und 153 der Verfassung des Deutschen Reichs werden bis auf weiteres außer Kraft gesetzt. Es sind daher Beschränkungen der persönlichen Freiheit, des Rechts der freien Meinungsäußerung, einschließlich der Pressefreiheit, des Vereins- und Versammlungsrechts, Eingriffe in das Brief-, Post-, Telegraphen- und Fernsprechgeheimnis, Anordnungen von Haussuchungen und von Beschlagnahmen sowie Beschränkungen des Eigentums auch außerhalb der sonst hierfür bestimmten gesetzlichen Grenzen zulässig.

§ 2

Werden in einem Lande die zur Wiederherstellung der öffentlichen Sicherheit und Ordnung nötigen Maßnahmen nicht getroffen, so kann die Reichsregierung insoweit die Befugnisse der obersten Landesbehörde vorübergehend wahrnehmen.

Aufgabe:

Arbeiten Sie aus M 1 und M 2 heraus, welche Grundrechte 1933 abgeschafft wurden.

Zu II.1.2.   Menschenrechte und Gesellschaftsbild in der Diktatur

„Und sie werden nicht mehr frei sein im Leben." (Adolf Hitler)

Material

„Diese Jugend, die lernt ja nichts anderes als deutsch denken, deutsch handeln. Und wenn dieser Knabe und dieses Mädchen mit ihren zehn Jahren in unsere Organisationen hineinkommen und dort nun so zum ersten Mal überhaupt eine frische Luft bekommen und fühlen, dann kommen sie vier Jahre später vom Jungvolk in die Hitlerjugend, und dort behalten wir sie wieder vier Jahre, und dann geben wir sie erst recht nicht zurück in die Hände unserer alten Klassen- und Standeserzeuger, sondern dann nehmen wir sie sofort in die Partei und in die Arbeiterfront, in die SA oder in die SS usw. Und wenn sie dort zwei Jahre [...] sind und noch nicht ganze Nationalsozialisten geworden sein sollten, dann kommen Sie in den Arbeitsdienst und werden dort wieder sechs und sieben Monate geschliffen, alle mit einem Symbol, dem deutschen Spaten. [...] Und sie werden nicht mehr frei ihr ganzes Leben. Und sie sind glücklich dabei."

Quelle: Rede von Adolf Hitler, 2.12.1938, Reichenberg/Sudentenland, abgedruckt in: Horst Möller et al (Hrsg.): Die Tödliche Utopie, München (u.a.) 2000, S. 145.

Aufgabe:

Erklären Sie das Menschenbild, das Hitlers Idee der Erziehungsgemeinschaft zu Grunde lag und in der Quelle zum Ausdruck kommt.

Zu II.1.2.   Menschenrechte und Gesellschaftsbild in der Diktatur

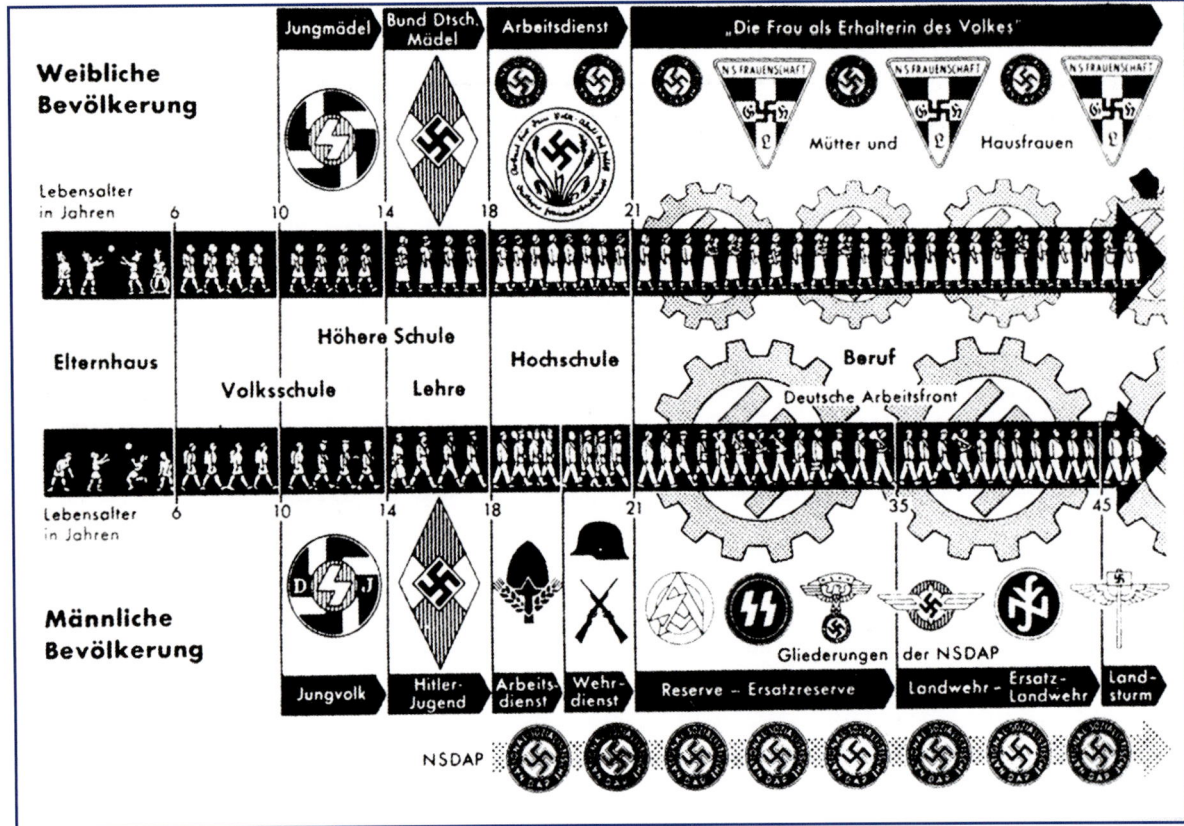

„Der Weg des gleichgeschalteten Staatsbürgers" – Quelle: www.album.de/bild/2035968/08-05-11-berlin.cfm

Aufgabe:

Arbeiten Sie mithilfe der Grafik das musterhafte Leben eines „nationalsozialistischen Staatsbürgers" heraus. Recherchieren Sie dazu auch in der Literatur.

Zu II.1.2.   Menschenrechte und Gesellschaftsbild in der Diktatur

Material 1

Aus der Verfassung der Deutschen Demokratischen Republik DDR-Verfassung vom 6. April 1968 (i.d. Fassung von 1974)

Artikel 1

Die Deutsche Demokratische Republik ist ein sozialistischer Staat der Arbeiter und Bauern. Sie ist die politische Organisation der Werktätigen in Stadt und Land unter der Führung der Arbeiterklasse und ihrer marxistisch-leninistischen Partei.

Die Hauptstadt der Deutschen Demokratischen Republik ist Berlin.

Die Staatsflagge der Deutschen Demokratischen Republik besteht aus den Farben Schwarz-Rot-Gold und trägt auf beiden Seiten in der Mitte das Staatswappen der Deutschen Demokratischen Republik.

Das Staatswappen der Deutschen Demokratischen Republik besteht aus Hammer und Zirkel, umgeben von einem Ährenkranz, der im unteren Teil von einem schwarz-rot-goldenen Band umschlungen ist.

Material 2

Aus dem Grundgesetz der Bundesrepublik Deutschland (1949)

Artikel 1

Die Würde des Menschen ist unantastbar. Sie zu achten und zu schützen ist Verpflichtung aller staatlichen Gewalt.

Das Deutsche Volk bekennt sich darum zu unverletzlichen und unveräußerlichen Menschenrechten als Grundlage jeder menschlichen Gemeinschaft, des Friedens und der Gerechtigkeit in der Welt.

Die nachfolgenden Grundrechte binden Gesetzgebung, vollziehende Gewalt und Rechtsprechung als unmittelbar geltendes Recht.

Aufgabe:

Vergleichen Sie Artikel 1 der DDR-Verfassung mit Artikel 1 des Grundgesetzes. Welche Staatszielbestimmung wird in beiden Verfassungen an den Anfang gestellt und welcher Stellenwert für die politische Ordnung lässt sich daraus ableiten? Problematisieren sie die Wirkung, die eine solche Staatszielbestimmung für die weitere Verfassungsordnung entfalten kann und bewerten Sie dies.

Zu II.1.2.   Menschenrechte und Gesellschaftsbild in der Diktatur

Material

Aus der Verfassung der Deutschen Demokratischen Republik (DDR-Verfassung vom 6. April 1968)

Grundrechte und Grundpflichten der Bürger

Artikel 19

(1) Die Deutsche Demokratische Republik garantiert allen Bürgern die Ausübung ihrer Rechte und ihre Mitwirkung an der Leitung der gesellschaftlichen Entwicklung. Sie gewährleistet die sozialistische Gesetzlichkeit und Rechtssicherheit.

(2) Achtung und Schutz der Würde und Freiheit der Persönlichkeit sind Gebot für alle staatlichen Organe, alle gesellschaftlichen Kräfte und jeden einzelnen Bürger.

(3) Frei von Ausbeutung, Unterdrückung und wirtschaftlicher Abhängigkeit hat jeder Bürger gleiche Rechte und vielfältige Möglichkeiten, seine Fähigkeiten in vollem Umfang zu entwickeln und sein Kräfte aus freiem Entschluß zum Wohle der Gesellschaft und zu seinem eigenen Nutzen in der sozialistischen Gemeinschaft ungehindert zu entfalten. So verwirklicht er Freiheit und Würde seiner Persönlichkeit. Die Beziehungen der Bürger werden durch gegenseitige Achtung und Hilfe, durch die Grundsätze sozialistischer Moral geprägt.

(4) Die Bedingungen für den Erwerb und den Verlust der Staatsbürgerschaft der Deutschen Demokratischen Republik werden durch Gesetz bestimmt.

Artikel 20

(1) Jeder Bürger der Deutschen Demokratischen Republik hat unabhängig von seiner Nationalität, seiner Rasse, seinem weltanschaulichen oder religiösen Bekenntnis, seiner sozialen Herkunft und Stellung die gleichen Rechte und Pflichten. Gewissens- und Glaubensfreiheit sind gewährleistet. Alle Bürger sind vor dem Gesetz gleich.

(2) Mann und Frau sind gleichberechtigt und haben gleiche Rechtsstellung in allen Bereichen des gesellschaftlichen, staatlichen und persönlichen Lebens. Die Förderung der Frau, besonders in der beruflichen Qualifizierung, ist eine gesellschaftliche und staatliche Aufgabe.

(3) Die Jugend wird in ihrer gesellschaftlichen und beruflichen Entwicklung besonders gefördert. Sie hat alle Möglichkeiten, an der Entwicklung der sozialistischen Gesellschaftsordnung verantwortungsbewußt teilzunehmen.

Artikel 21

(1) Jeder Bürger der Deutschen Demokratischen Republik hat das Recht, das politische, wirtschaftliche, soziale und kulturelle Leben der sozialistischen Gemeinschaft und des sozialistischen Staates umfassend mitzugestalten. Es gilt der Grundsatz „Arbeite mit, plane mit, regiere mit!"

Artikel 24

(1) Jeder Bürger der Deutschen Demokratischen Republik hat das Recht auf Arbeit. Er hat das Recht auf einen Arbeitsplatz und dessen freie Wahl entsprechend den gesellschaftlichen Erfordernissen und der persönlichen Qualifikation. Er hat das Recht auf Lohn nach Qualität und Quantität der Arbeit. Mann und Frau, Erwachsene und Jugendliche haben das Recht auf gleichen Lohn bei gleicher Arbeitsleistung.

Artikel 27

(1) Jeder Bürger der Deutschen Demokratischen Republik hat das Recht, den Grundsätzen dieser Verfassung gemäß seine Meinung frei und öffentlich zu äußern. Dieses Recht wird durch kein Dienst- oder Arbeitsverhältnis beschränkt. Niemand darf benachteiligt werden, wenn er von diesem Recht Gebrauch macht.

Aufgabe:

Arbeiten Sie anhand der DDR-Verfassung heraus, welche Erwartungshaltung die DDR gegenüber dem Bürger einnahm. Setzen Sie ihr Ergebnis in Bezug zu dem Anspruch „Demokratie ist die Regierung des Volkes durch das Volk für das Volk" und bewerten Sie es.

Zu II.3.2.   Die DDR als Unrechtsstaat

Material

Machtstrukturen im SED-Staat

Die SED-Führung begnügte sich nicht mit einer einfachen Doppelstruktur von Partei und Staatsapparat zur Anleitung und Kontrolle, sondern verknüpft alle staatlichen und gesellschaftlichen Bereiche auf vielfältige Weise mit der Partei und ihrem Apparat. Als zentrale Mechanismen zur Aufrechterhaltung der Macht der Parteiführung sind u.a. zu nennen:

1. Wichtigstes Herrschaftsinstrument über die Parteigliederungen war das Prinzip des demokratischen Zentralismus. Nachgeordnete Instanzen hatten den Beschlüssen der Zentrale und der übergeordneten Gliederungen in ihrem Bereich Folge zu leisten. Die Basis blieb einem strengen Kontroll- und Disziplinierungsinstrument unterworfen, so dass innerparteiliche Kritik nahezu unmöglich gemacht wurde.

2. Alle wichtigen Leitungsfunktionen in den Parteien, in Staat, Wirtschaft und gesellschaftlichen Organisationen (mit Ausnahme der Kirchen) wurden nach einem sog. Nomenklatursystem besetzt, das der SED einen direkten personellen Zugriff gestattete.

Die Partei- und Staatsführung in der DDR lag fest in der Hand der SED – hier Walter Ulbricht, Erich Honecker, Kurt Hager, Willi Stoph, Günter Mittag und andere Parteigrößen sowie Vertreter der sowjetischen Streitkräfte auf der „Ehrentribüne" am 1. Mai 1970.

3. Der zentrale Parteiapparat sowie seine regionalen Gliederungen waren den staatlichen und gesellschaftlichen Leitungs- und Abteilungsstrukturen vorgelagert. Diese „party machine" leitete die staatlichen und gesellschaftlichen Institutionen an und kontrollierte sie gleichzeitig.

4. In allen staatlichen Verwaltungen, den wichtigsten Betrieben, gesellschaftlichen Institutionen usw. existierten Parteiorganisationen und -gruppen, deren Leitungen eine gesonderte Kontrollfunktion und zum Teil auch die direkte Führungsrolle einnahmen. SED-Mitglieder waren ohnehin nicht zuerst ihrem Vorgesetzten, sondern immer vorrangig der Parteidisziplin unterworfen.

5. Durch ein umfassendes Berichtssystem sowie die Arbeit des Ministeriums für Staatssicherheit verschaffte sich die SED-Führung zusätzliche Informationen, die als Grundlage für weitere Eingriffsmöglichkeiten dienten.

Exekutive, Legislative und Jurisdiktion lagen somit in den Händen der SED-Führung, die für die verhasste bürgerliche Demokratie charakteristische Gewaltenteilung wurde durch eine „Gewalteneinheit" ersetzt. Eine zentrale Rolle bei der Absicherung der SED-Herrschaft spielte die politische Justiz. Das Recht galt als „Waffe im Klassenkampf", Rechtsfragen [galten] als Machtfragen. Eine unabhängige Justiz wäre somit machtfremd gewesen. [...]

Das Ministerium für Staatssicherheit wurde über Jahrzehnte zu einem flächendeckenden Überwachungs-, Manipulations- und Unterdrückungsapparat ausgebaut, der den totalen Herrschaftsanspruch der SED-Führung gegenüber der eigenen Bevölkerung um jeden Preis sichern sollte. Darüber hinaus hatte es umfassende Aufklärungs- und Diversionsmaßnahmen vor allem gegen die Bundesrepublik durchzuführen. Die Stasi war politische Geheimpolizei, Ermittlungsbehörde bei „politischen Straftaten" und Nachrichtendienst im einem. Schon deshalb liegen Welten zwischen dem Imperium des langjährigen Ministers für Staatssicherheit, Erich Mielke, und Verfassungsschutzorganen bzw. Nachrichtendiensten in demokratischen Ordnungen.

Quelle: Steffen Alisch: Die DDR von Stalin bis Gorbatschow: der sowjetisierte deutsche Teilstaat 1949-1990, in: Hans-Peter Schwarz (Koordinator): Die Bundesrepublik Deutschland. Eine Bilanz nach 60 Jahren, München 2008, S. 135–155, hier S. 138-139.

Aufgabe:

Arbeiten Sie anhand der aufgeführten Strukturen der Partei- und Staatsführung in der DDR heraus, inwieweit die Rechtsstaatsprinzipien in der DDR erfüllt waren oder missachtet wurden.

Zu II.4.1.   Engagement in der Demokratie

Material

Ehrenamt und Solidarität

Was nämlich das Ehrenamt in all seinen Spielarten in Verbänden, in der Gerichtsbarkeit, in politischen Parteien, in der Kirche, in Kammern, Selbstverwaltungsorganen und Kommunen, Sozialversicherungsträgern und Hochschulen, Räten und Beiräten gemeinsam ist, sind die Freiwilligkeit seiner Übernahme (mit einigen Einschränkungen bei öffentlichen Ehrenämtern) und der Verzicht auf das Entgelt. Die Ehrenamtlichkeit ist der stärkste und vornehmste Ausdruck der Solidarität. […] Eine solidarische Gesellschaft lebt aus einer doppelten Überzeugung: Alle sind einander verpflichtet. Und – die Starken tragen die Last der Schwachen mit. Der Ehrenamtliche erweist sich gerade darin solidarisch, dass er den Dienst der eigenen Person nicht verrechnet. Er betrachtet sein freiwilliges Engagement weder als Anzahlung für etwas, was er später zu empfangen hofft, noch als Anzahlung dessen, was er bereits empfangen hat.

Aus diesen grundsätzlichen Überlegungen zum Ehrenamt lassen sich einige Folgerungen ziehen: Die zunehmende bzw. abnehmende Bereitschaft zur ehrenamtlichen Arbeit ist ein untrügliches Maß für die Solidarisierung bzw. Entsolidarisierung in der Gesellschaft […]. Der vor allem von Kirchen, Gewerkschaften und Parteien beklagte Rückzug ihrer Mitglieder, die Zurückhaltung, ehrenamtliche Verantwortung zu übernehmen, und die diagnostische Verantwortung zu übernehmen, und die diagnostizierten Tendenzen der Individualisierung und Privatisierung werden in ihrer Tragweite nur erfasst, wenn sie auch als Symptome einer moralischen Krise unserer Gesellschaft wahrgenommen werden. […] Einige Vorschläge werden mit dem plakativen Spruch „Ehrenamt muss sich lohnen" zusammengefasst. Sofern sie auf das Ziel hinauslaufen, die gesellschaftliche Anerkennung und das Sozialprestige des ehrenamtlichen Dienstes zu heben, verdienen sie jede Unterstützung. Insbesondere wäre es wünschenswert, wenn sich solche Anerkennung nicht nur in öffentlichen Ehrungen und Auszeichnungen erschöpfen würde, sondern wenn die persönliche und fachliche Kompetenz, die sich der Ehrenamtliche erwirbt, auch in der Berufswelt als Qualifikationsmerkmal gewürdigt würde. Zur problematischen Parole wird der Satz vom Ehrenamt, dass es sich „lohnen" müsse, überall dort, wo eine „Honorierung" eingefordert wird, sei es durch direkte Entgelte, sei es durch Steuerfreibeträge oder durch öffentliche Übernahme von Sozialversicherungsbeiträgen. Damit würde die Ehrenamtlichkeit ihres eigentlichen Sinns beraubt.

Quelle: Alois Baumgartner: Solidarität und Selbsthilfe. Veraltete Prinzipien der Sozialpolitik?, in: Bayerische Landeszentrale für politische Bildungsarbeit (Hrsg.): Sozialpolitik. Aktuelle Fragen und Probleme, München 1996, S. 32–34.

Aufgabe:

Charakterisieren Sie mithilfe des Textes das ehrenamtliche Engagement. Was soll es sein, was nicht?

Zu II.4.1.   Engagement in der Demokratie

Material

Jugend und Demokratie

Pauschale Äußerungen, Jugendliche interessierten sich zu wenig für Politik, würden nicht hinlänglich demokratische Orientierungen aufweisen und seien dementsprechend auch nicht bereit, sich in politischen Angelegenheiten zu engagieren, halten empirischer Überprüfung nicht stand.

Jugendliche und junge Erwachsene bekunden politisches Interesse, und dies umso stärker, je mehr sie ins dritte Lebensjahrzehnt hineinwachsen und je höher ihr formaler Bildungsstatus ist. Die demokratische Gesellschaftsordnung mit ihren Grundwerten wird von jungen Menschen anerkannt und mitgetragen, und dies gleichviel, ob sie in den alten oder in den neuen Bundesländern leben oder aus Familien mit Migrationshintergrund stammen. Den demokratischen Alltag in der Bundesrepublik beurteilen viele allerdings reserviert oder gar ablehnend, besonders dann, wenn die eigene Zukunft als unsicher eingeschätzt und die Verteilung des Reichtums in dieser Gesellschaft – gerade auch auf die eigene Person bezogen – als ungerecht empfunden wird.

Zu übereinstimmend negativen Urteilen kommen Jugendliche und junge Erwachsene indes hinsichtlich der Akteure des politischen Alltagsgeschäfts: Politiker und Politikerinnen sowie Parteien genießen, konstant über viele Jahre schon, wenig Vertrauen. Ein ähnlich geringes Vertrauen wird seit neuerem ebenso dem ökonomischen Sektor, sprich den großen Unternehmen und den Banken, entgegengebracht. In vielem unterscheiden sich diese Urteile und Einschätzungen der Jugendlichen kaum von denen der erwachsenen Bevölkerung.

Der Erwerb höherer formaler Bildung und der damit einhergehende längere Verbleib in Bildungsinstitutionen begünstigt die Aufgeschlossenheit junger Menschen gegenüber der Politik. Es zeigt sich, dass staatsbürgerschaftliche Orientierungen bei Jugendlichen generell auch davon abhängen, wie zufrieden sie mit ihrer ökonomischen und sozialen Lebenssituation sind und wie subjektiv gelungen sie ihre soziale Verortung in der Gesellschaft erleben. Dies hängt wiederum stark vom Eindruck der Gerechtigkeit in der gesellschaftlichen Ordnung und dem Grad von Unsicherheit hinsichtlich der eigenen Zukunft ab.

Zum Engagement sind Jugendliche und junge Erwachsene durchaus bereit und bei ihnen passenden Gelegenheiten sind sie auch aktiv. Allerdings besitzen die eher traditionellen Felder politisch-gesellschaftlicher Partizipation mit ihren institutionellen Rahmenbedingungen, ihren Entscheidungsverläufen, ihren Hierarchien, ihren Kommunikationsritualen, ihren meist weiten Zeithorizonten für junge Menschen offenkundig nur eine geringe Attraktion. Richtet man den Blick nur auf diese Bereiche, wird man notwendigerweise ein Partizipationsdefizit Jugendlicher und junger Erwachsener feststellen. Dieser Eindruck verdankt sich aber einer konservativen Betrachtung des politischen Raums. Sie erfasst eben nicht die Präferenzen Jugendlicher. Denn diese bevorzugen zeitbegrenzte, projektbezogene, wenig durch kontinuierliche Arbeit in hierarchischen Zusammenhängen festgelegte Aktionen. Ihr Engagement hat einen dynamischen Charakter. Es begleitet die Jugendbiografie nicht beständig, sondern diskontinuierlich, weil anderes im Verlauf des Heranwachsens mit seinen

An Politik interessiert – Bundespräsident Joachim Gauck begrüßt Jugendliche einer Besuchergruppe im Europäischen Parlament am 17. April 2012.

hohen Anforderungen an Ausbildung sowie soziale und ökonomische Verortung auch gar nicht möglich wäre. Die Grundhaltung ist aber dennoch politisch-partizipativ. Eine neue, erweiterte demokratische Praxis mit Elementen einer „monitory democracy", das heißt das aufmerksame Beobachten von Politik und die Ausdehnung machtkontrollierender Mechanismen und Netzwerke wie etwa Foren oder Menschenrechts- und zivilgesellschaftlicher Organisationen, spielt gerade für junge Menschen eine wichtige Rolle, und zwar nicht nur in ihrem, sondern gerade auch im gemeinschaftlichen Interesse.

Unter zwei Aspekten gibt es für eine Politik der Demokratiestärkung klare Herausforderungen:

Zum einen würde eine breite kognitive Mobilisierung im Bildungssystem den Bildungsfaktor in einer demokratisch wünschenswerten Weise verstärken. Dies dürfte allerdings nicht nur heißen, „demokratisches Grundwissen" durch mehr und eventuell auch anderen Sozialkundeunterricht zu verbreitern. Vielmehr muss es vor allem darum gehen, bereits in der Schule demokratische Praxis durch erweiterte Partizipationsmöglichkeiten für Schülerinnen und Schüler stärker zu etablieren. Angesichts der abnehmenden Bedeutung des Nationalstaatlichen könnte hierzu gehören, die kognitiv-abstrakte Informationsvermittlung z.B. über die europäische Integration durch eine Ebene der praktischen Erfahrung zu ergänzen. Die bildungspolitische Zielsetzung darf sich also nicht darauf beschränken, lediglich Handlungsfähigkeit, -bereitschaft, -kompetenz oder auch nur das politische Urteilsvermögen zu schärfen, sondern diese müssen in praktisches Handeln und praktische Erfahrungen eingebettet sein.

Für eine Stärkung von Partizipation ist zum anderen wichtig, zivilgesellschaftliche Netzwerke als Gelegenheitsstrukturen legitimen bürgerschaftlichen Engagements oder auch Protests zuzulassen und positiv zu begreifen, sie aber im Vergleich zu Jugendorganisationen, -vereinen, -verbänden oder Parteien nicht als geringer zu bewerten. In der jüngeren Geschichte waren es gerade solche Netzwerke und Initiativen wie z.B. die Bürgerrechtsbewegung, die Anti-Atomkraft- Bewegung, die neue Frauenbewegung oder auch die Umweltbewegung, die enorme Veränderungen in der Gesellschaft angestoßen haben.

Quelle: www.demokratie-deutschland-2011.de/jugend-und-demokratie.php (Webangebot zu „Demokratie in Deutschland 2011 – Ein Report der Friedrich-Ebert-Stiftung" – Abschnitt „Jugend und Demokratie" von Wolfgang Gaiser, Martina Gille, Winfried Krüger, Johann de Rijke)

Aufgabe:

Arbeiten Sie mithilfe des Textes heraus, was die angeblich schwierige Zielgruppe auszeichnet und diskutieren Sie konkrete Vorschlage, wie diese zum Engagement in der Demokratie begeistert werden könnte.